Reisebeschreibungen • Regina Rausch, auch Elisabeth III.

Regina Rausch, auch Elisabeth III.

Reisebeschreibungen

FRIELING

Bibliografische Information der Deutschen Nationalbibliothek
Die Deutsche Nationalbibliothek verzeichnet diese Publikation in der Deutschen Nationalbibliografie; detaillierte bibliografische Daten sind im Internet über http://dnb.d-nb.de abrufbar.

Rheinstraße 46, 12161 Berlin
Telefon: 0 30 / 76 69 99-0
www.frieling.de
ISBN (Print): 978-3-8280-3799-1
1. Auflage 2023
Bildquelle: aus dem Archiv der Autorin
Bildquelle Cover: pixabay

Printed in Germany

Inhalt

Einführung

Im Osten Deutschlands hat sich in der Zeit nach dem Mauerfall, also in den Jahren um 1998, viel verändert. So mancher kommt damit gut zurecht, aber ebenso viele Mitbürger sind auf der Strecke geblieben.

Für die Autorin Regina Rausch gibt es viele Reisen. Bei den meisten Reisen geht es aber um Arbeitsbewerbungen und ums Vorstellen bei möglichen Arbeitgebern. Es gibt Reisen zu den Gerichten in Den Haag, Straßburg und Genf. Meist liegen solche Reisen am Weg zwischen Deutschland und dem Vereinten Königreich von Großbritannien und Nordirland. Manchmal führen sie in Kriminalämter und zu Universitäten.

Immer bleibt auf meinen Ausflügen und Reisen genügend Zeit, zu bummeln, einzukaufen und sich Sehenswürdigkeiten wie die Säulen der Menschenrechte in der Stadt Nürnberg anzusehen. Alle diese Reisen aber sind geprägt von der Suche nach Kontakten zur Familie der Autorin, also eigentlich zu Ihrer Majestät Königin Elisabeth II. und Seiner Königlichen Hoheit Prinz Philip, dem Herzog von Edinburgh. Die Autorin stößt dabei auf die Unterschiede im Leben, den Rechten und der gesellschaftlichen Stellung ihrer Eltern, ihrer Pflegefamilie mit der Schwester oder Halbschwester Elisabeth II. und den Grenzen, die die deutsche Rechtsordnung und der königliche Alltag stellen.

Seit dem Mauerfall und dem Ende des Rechtes auf Arbeit in der DDR ist dieses Spannungsfeld jedoch der Alltag der Autorin Regina Rausch, in dem sie sich ihr Geld selber verdient, aber auch alles selber verwaltet und wieder nach ihren Vorstellungen ausgeben kann. Man steht dabei entsetzt vor der Frage, ist man nun reich oder arm?

Im vorliegenden Buch kann man die Autorin auf manchen ihrer Reisen begleiten. Es sind Dienstreisen, Reisen für Weiterbildung oder eben wie die Reise nach Bautzen Geschäftsreisen zum Einkaufen mit Stadtbummel. Als materielle Sicherheit steht dahinter das Kleinunternehmen Eigenverlag Regina Ebert Rausch, welches die Autorin unter anderem auch vor dem Bezug von Sozialhilfe schützte.

Alles Erinnern, alles Nachdenken über die Reisen beginnt damit, dass man sich mit der Ausbildung in der DDR, dem fehlenden Wissen und den falschen Angaben des Sinns und Unsinns sozialistischer Erziehung und ostdeutscher Machtinteressen auseinandersetzen muss. Auch im Leben der Autorin hat solche gelernte Ideologie das Denken geprägt. Die Autorin Regina Rausch schafft die Reichen nicht ab.

Sie ordnet sich ein in die Bemühungen vieler, um immer wieder ein wenig reicher zu werden. Den Wechsel zwischen den unterschiedlichen Gesellschaftsordnungen von der abgeschlossenen Gesellschaft der DDR zu heute hat sie dabei gut verarbeitet und oft ausgenutzt.

Die Autorin wünscht viel Spaß beim Lesen, Nachdenken und Träumen.

Die Autorin Regina Rausch besucht Paris und steht vor den Flammen der Freiheit

Der Fall der Mauer um die DDR als sowjetisch besetze Zone hat für allc in Ostdeutschland große Veränderungen bewirkt. Man konnte sich auf Reisen in den Westen vieles ansehen, alle Kontakte auffrischen und die Probleme von Flüchtlingen der DDR in den Westen betrachten. Man sah Freude und Leid. Ich besuchte dabei einen Studienkollegen der Technischen Hochschule in Chemnitz, der später in Leipzig weiterstudiert hatte und dessen Frau eigentlich zur Eheschließung von Mainz in die DDR einreisen wollte, aber das als Theologin nicht bewilligt bekam. Auf all solchen Reisen wurden wir recht neugierig beäugt.

Ich war verheiratet. Was störte die Leute daran? Ich hatte Kinder. Irgendwie gab es im Westen auch eine andere Einstellung zum Arbeiten. Auf solchen Reisen konnte man viel lernen, und man merkte, dass das zum Verständigen nötig war. Neben der ersten Reise nach Westberlin, um das Begrüßungsgeld abzukassieren, der ersten verdienten Westmark nach den Treffen der Studenten der Evangelischen Studentengemeinde mit ihren Partnergemeinden in der DDR in Ostberlin, konnte man den Osten mit dem Westen vergleichen.

Wie würde sich die Gesellschaft auf dem Weg vom Sozialismus der DDR zum Kapitalismus des Westens verändern?

Ich verlor zuerst die Arbeit in der privaten Firma, in der ich gearbeitet hatte, weil der Eigentümer zuerst an seine Familie denken musste. Das belastete Familie,

Ehe und Zusammenleben. Mich an meine Herkunft erinnernd, hatte ich bis 2004 fünfzig Jahre Dienst in Deutschland absolviert. Ich musste mich also kümmern und versuchen, reicher zu werden. Man nahm alle Chancen an.

Das Angebot einer um Mitarbeiter werbenden Hilfsorganisation namens Pax Christi führte mich 1997 zum Arbeiten nach Kroatien in ein Flüchtlingslager in Split, wo Kinder als Folge des Krieges lebten. Eine zweite Reise dorthin schloss sich 1998 privat an, weil ich eigentlich genügend Geld verdient hatte mit Hilfsbeschäftigungen, etwa mit der Zustellung der FAZ.

Beim Weg in die Selbständigkeit wurde ich vom Arbeitsamt materiell gefördert, und aufgrund der Eheprobleme bezog ich noch Unterhalt dafür, dass ich mich alleine mein Leben kümmern musste, weil der Ehemann eine deutsche Beamtenkarriere anstreben oder eine bessere Arbeit im Westen finden wollte. Außerdem war der Ehemann und Vater beider Kinder der reichere und bekam in Europa das Sorgerecht für die Kinder.

Nicht aus allen Bewerbungen um Arbeit wurde eine bequeme Anstellung. Als ich in Zittau zurück war, fand ich das nächste Angebot in der Post. Eine Firma im Westen wollte mich für ein paar Tage nach Paris schicken. Ich war davon überzeugt, dass man mich annimmt. Die Reise beinhaltete zwei oder drei Übernachtungen in Paris. Ein Tag stand für die Hinfahrt zur Verfügung, einer für die Rückfahrt. Die Fahrkosten, die Übernachtung und das Frühstück bezahlte die Reisewerbungsfirma. Für die zwei Tage in Paris sollte man ein exklusives Paket von Unternehmungen buchen. Mir war das, gerade aus Kroatien und einem Flüchtlingslager zurückgekommen, einfach zu teuer. Man durfte sich aber auch im Zentrum nahe dem Triumphbogen absetzen lassen und den Tag alleine verbringen und sich da wieder am Abend einsammeln lassen. Ich vertraute meinem Unternehmungsgeist und buchte das.

Am ersten Tag – ich war furchtbar weit gelaufen – besuchte ich den Eifelturm, dessen Aussichtsplattform man mit dem Fahrstuhl erreicht, und das Militärmuseum. Ich konnte mir schreckliche Bilder früherer Kriege ansehen, etwa unter Napoleon, aber auch vom Ersten und Zweiten Weltkrieg. Frankreich ist schön, aber so schreckliche Kriege ließen mich erschrecken nach den Wunden des Krieges in Jugoslawien, die ich vorher gesehen hatte und die ich mit meinem Auto transportierten Hilfsgütern ein wenig lindern konnte. In diesem Museum sieht man eher die Grausamkeit des Sterbens.

1998 verstarb in Paris auch Lady Diana Spencer. Ich bummelte zu dem Tunnel und sah die abgelegten Blumen neben einem französischen Denkmal. Es ist die Flamme der Freiheit.

Mit Frankreich verband man in der DDR die Filme der Musketiere und die Kämpfe der Französischen Revolution. Mich hat der Tod von Lady Diana Spencer tief erschüttert. An der Stelle zum Tunnel, in dem auch der Unfall geschah, fuhren die Autos schnell vorbei. Ich gedachte ihr an der Flamme der Freiheit und bereitete mich darauf vor, dass ich die mit meiner Herkunft verbundenen Blumen ablegen möchte.

Aber man wandert auch nicht den ganzen Tag durch eine Stadt, ohne zu essen oder in einem der Straßenlokale eine Cola zu trinken. Zu dieser Zeit rechnete man noch um in die französische Währung. Am zweiten Tag besuchte ich das Louvre-Museum.

Es gibt dort viele Geschäfte, und man kann sich vorstellen, wieviel Geld man in Frankreich braucht. Ich verglich mich mit Frauen, die in Paris wohnen. Für die Mitreisenden aus meiner Reisegruppe, die mich auch am zweiten Tag wieder einsammelten, war die Fahrt hoch zum Eifelturm nicht in ihrem Reisepaket enthalten. Und ich schaute auf die Kosten für den Eintritt und das Essen und habe daher noch mehr Geld verbraucht als die Reisepakete kosteten. Ich stand an der Flamme der Freiheit. In mir reifte der Gedanke, dem Weg meiner Herkunft zu folgen. Wenn man so gemütlich durch Paris bummeln kann, da wird man auch die britischen Inseln finden. Aber fürs Erste fuhr die Gruppe zurück nach Zittau, natürlich zusammen mit mir.

Auf der Rückfahrt war ich müde. Was wird alles auf mich zukommen, wenn der Gedanke an meine Herkunft wohl doch recht bekannt ist, und ich nur hinter der Mauer versteckt war. Es war eine beeindruckende Reise. Frankreich ist reich, und das Leben der Frauen dort ist wohl mit meinem vergleichbar, auch wenn ich es von Arbeit geprägt betrachte.

Eiffelturm in Paris

Flammen der Freiheit

Louvre

Regina Rausch am Eiffelturm

An der Küste von Dover

Elisabeth III. will Königin werden

Während der Mauerfall beeindruckende Freuden brachte mit ersten Reisen, etwa nach Westberlin in das Europa-Center oder zur Kaiser-Wilhelm-Gedächtniskirche mit dem Begrüßungsgeldgeschenk für jeden Besucher aus dem Osten, brachte der Jubel der Einheit viele Probleme. Es wurden die in der DDR angelegten Unterlagen der Staatssicherheit geöffnet. Viele Reisende in den Westen holten sich die Informationen ihrer Familien. Es gab viel Wahres und ebenso viel Geschwätz, viele merkwürdige Informationen. Das Schlimmste war, dass man am Thema meiner Herkunft arbeiten wollte, um Geld zu verdienen und sich zu bereichern. Dabei fehlten allen die richtigen Informationen der Regierungen, die zu Zeiten der DDR unter Verschluss standen. Jeder spekulierte, und viele ließen sich etwas einfallen, um sich wichtig zu machen und die eigene Karriere zu fördern. Es kamen aber auch Ausbildungen für psychologische Kriegsführung in den Umlauf, um manch einen Arbeitenden aus seiner Anstellung zu wippen und sich oder seine Freunde hineinzubringen. Auch ich, die Autorin Regina Rausch, hatte solche Probleme mit der Arbeitslosigkeit und dem Geldverdienen. Wenn man sich aber an meinen Sorgen bereichern will, da müsste ich mir etwas einfallen lassen, was mir hilft, meinen Kindern und meiner Familie.

Mir wurde klar, dass ich mir die vorherige Wohnung mit drei Zimmern, die ich mit meiner Tochter eine ganze Zeit lang teilte, bloß leisten könnte, wenn ich meine Tochter nicht studieren lassen und mich mit ihr beim

Sozialamt melden würde. Solche Einschränkungen und solche Wege würden unsere Zukunft prägen, doch die wollte ich so nicht wählen. Ich beschränkte mich also auf vierunddreißig Quadratmeter zu einem günstigen Preis für Wohnraum. Der Unterhalt würde bei der Scheidung enden, und ich müsste mich dann um ihn kümmern. Dann konnte ich eigentlich bloß alleine leben und wirklich nur ins Arbeitsleben gehen.

Aber was macht man als Autorin und Lehrerin so, um Geld zu verdienen? Das Arbeitsamt bot Stellen als Küchenhilfe an, zum Kellnern und an der Rezeption von Hotels. Man hätte ein Einkommen, bezahlte die Kranken- und Rentenversicherung. An so einer Rezeption könnte man alle früheren Veröffentlichungen zum Verkauf anbieten. Man würde andere Bundesländer sehen, andere Hotels, andere Gegenden und ob man woanders gleich oder anders arbeitet. Was wäre ein schöner Beruf? An Arbeit im Haushalt gewöhnt, konnte ich als Küchenhilfe nichts falsch machen. In der Freizeit konnte ich schreiben und fremde Gegenden erobern, Veröffentlichungsverträge abschließen und die Kosten auch noch von der Einkommensteuer absetzen. Beim Kellnern bekam man Trinkgelder.

So setzte sich der Gedanke durch, dass man nach dem Mauerfall richtig reich werden konnte.

Auch ich dachte darüber nach, was ich mir leisten könnte. In Nürnberg beschäftige ich mich mit Menschenrechten und was ich vielleicht aufklären und durchsetzen könnte. Alle Arbeitsverträge im Westen waren bestimmt vom Wechsel der Saison zwischen Sommer und Winter.

In den Zeiten dazwischen wurde man manchmal bloß für ein paar Tage oder Wochen arbeitslos.

Ich machte mich also auf mit meinem Auto, um mich eigentlich mit dem zu beschäftigen, was mir der Vater, in dessen Familie ich aufwuchs, mitgab. Er hatte zugegeben, dass ich Englisch sprach und hatte es im Zweiten Weltkrieg in Finnland gelernt. Beim Mauerfall war er zuerst krank, und dann wurde er Rentner. Er konnte uns keinen Arbeitsplatz beschaffen. Ich sollte mich also um meine Herkunft kümmern. Und dann machte ich mich wirklich auf, sie zu erkunden. Ich bin reich geworden. Ich hatte das, wovon ich in der DDR geträumt hatte.

Seit 1996 fuhr ich ein Auto, einen kleinen blauen Ford. Mit dem hatte ich meinen Kindern Europa gezeigt. Ich machte mich also auf, die Fragen meiner Herkunft zu betrachten. „Du hast Englisch gesprochen“, hatte der Pflegevater gesagt. Das spricht man in England. Ich kaufte mir Landkarten, einen Reiseatlas und setze mich in mein Auto. Im Kofferraum lagen die Erzeugnisse meiner Arbeit, ein Schlafsack und reichlich Kleidung für jeden Anlass. Im Westen konnte ich mir mehr kaufen als zu Hause. Ich wählte den Weg auf der Karte aus und reiste in Richtung der Länder, von denen uns der Großvater Oskar Martin im Dorf Schellenberg im Erzgebirge Wörterbücher vererbt hatte.

Ich reiste über Aachen, die Niederlande, Belgien, Frankreich bis Calais. Was ist das für eine beeindruckende Straße zwischen Ostende und Calais, wenn man aus dem tiefen Osten der DDR kommt? Ich begann, den Autosport zu lieben. Es gab Raststätten, Parkplätze und immer viel zu sehen.

So um die Mittagszeit erreichte ich Calais. Es gibt zwei Möglichkeiten zur Überfahrt. Die mit der Fähre ist immer die preiswertere als die Fahrt mit dem Zug durch den Tunnel unter dem Ärmelkanal. Ich schaute mir die Preise an. Ich musste mein Auto im Hafen von Calais stehen lassen. Ich konnte mir die Überquerung der Straße von Dover leisten, aber für die Rückfahrt hätte das Geld nicht mehr gereicht.

Ich meine, bis 2004 sind noch ein paar Jahre, und nur eine öffentliche Rückgabe über die Regierungen wird Ihre Majestät Königin Elisabeth II. als meine Mutter akzeptieren. Ich entschied mich ab 1998 also fürs Weiterarbeiten im Westen in der Gastronomie und eben in der Freiberuflichkeit und fürs Sparen und für neue Reisen. Ich wusste jetzt, wieviel Geld ich für so eine Fahrkarte zum Überqueren der Straße von Dover mit einem Schiff und mit meinem Auto benötige. Ich setzte mich also wieder ins Auto und fuhr an meinen Arbeitsort zurück.

Autofahren ist Sport an so bedeutenden Straßen. Elisabeth III. will Königin werden, und so ging ihr erster Versuch aus, Kontakt mit ihrer Heimat aufzunehmen. Ich fuhr beeindruckt zurück und davon überzeugt, dass es neue Reisen geben wird.

Elisabeth III. erobert Großbritannien

Für das Manuskript und die ersten Drucke der Reisebeschreibung „Ich zeige meinen Kinder Europa“ wurde ich vom deutschen Arbeitsamt mit Geldern für Selbständigkeit gefördert und reiste tatsächlich in das Vereinte Königreich von Großbritannien und Nordirland. Den Gedanken an meine Herkunft habe ich nie aufgegeben. Aber all das liegt furchtbar weit zurück. Die erste Reisebeschreibung ist in der Gegend, wo ich mein Geld verdiente und irgendwann arbeitslos wurde, gut angekommen. Der Vater in der Pflegefamilie Ebert war sehr ehrlich. Er hatte auch nicht unbegrenzt Geld und zwei Kinder studieren lassen – das war an sich eine Leistung für eine Familie aus der DDR. Er war der Meinung, nach dem Mauerfall müsse man sich um seine Herkunft selber kümmern.

Die letzten Erinnerungen an meinen Vater stammten aus Berlin. Er konnte mich nicht abholen als Straßenkind, und beim Schulbeginn kam die Mauer, und da ging es ohnehin nicht mehr, weil es der Staat nicht zuließ. Meine Mutter war Königin geworden. Das grenzte sie im Handlungsbereich der Familie ein. Sie konnte nicht einfach losfahren und ein vielleicht gerade schmutziges Straßenkind holen. Viele Jahre später war die Mauer gefallen. Der Pfarrer der evangelischen Kirchengemeinde in Zittau, der früher NVA-Offizier war und sicher solche Informationen hatte, war der Meinung, ich müsse mich selber kümmern. Ich hatte Familie. Der Ehemann wollte eine deutsche Karriere anstreben nach dem Mauerfall. Ich musste die Fragen meiner

Herkunft ernst nehmen. Mein Mann und ich gingen also ab 1995 jeder seine eigenen Wege. In den Streitigkeiten der Trennung lag das Sorgerecht für die Kinder beim reicheren Vater. Ich war also ganz unabhängig und hatte dic Flamme der Freiheit in Paris gesehen. Dort war Lady Diana Spencer gestorben. Ich würde zwar nicht so reich sein wie sie, aber mit dem Geld, das ich mit meinen bescheidenen Finanzen in dem Jahr übrig hatte, würde ich mir eine Überfahrt mit einer Fähre von Calais nach Dover leisten können.

Abenteuerlustig wie der Fall der Mauer alle im Osten gemacht hatte, entschied ich mich für eine erste Reise in meine eigentliche Heimat. Alle Reisen in den Westen Deutschlands waren mir gut bekommen. Englisch hatte ich schon in Kroatien erfolgreich gesprochen, in der Türkei, in Griechenland und in allen Ländern meiner früheren Europareisen. Es gab keine Verständigungsprobleme. Ich hatte gültige Papiere, einen Reisepass und für Großbritannien – einem damaligen Mitglied der EU – brauchte ich keine weiteren Dienststellen zu fragen oder gar ein Visum zu beantragen.

Dienstag, 15.12.1998

Mit den Finanzen ist alles geklärt. Ich hoffe, dass alles in meiner Wohnung noch steht, wenn ich zurückkomme. Von meinem Computer verabschiede ich mich zuletzt. Ich beginne also die nächste Reise mit meinem kleinen Auto.

Für die Reise aber schreibe ich das Tagebuch mit der Hand. Für die Reisebeschreibung im Buch muss ich es wieder am Computer eintippen.

Meine Reise beginnt, nachdem in Deutschland alles geklärt ist. Meinen erwachsenen Kindern bleibt genügend Geld bis zur geplanten Rückkehr Ende Januar. Ich weiß nicht, ob das mit dem Ferienaufenthalt in Großbritannien klappt, aber auch das haben meine Kinder begriffen. Zuerst halte ich in Chemnitz. Meine Mutter ist sehr erfreut, aber auch da gibt es Probleme mit den Ämtern. Da meine Mutter – eigentlich meine Pflegemutter – weder mit mir zum Weihnachtsmarkt gehen will noch zur Sparkasse, überlege ich, dass ich gleich heute weiterfahren kann. Wir trinken Kaffee. Obwohl es erst kurz nach eins ist, und nur ich esse etwas. Danach fahre ich Richtung Aachen. Das heißt, zuerst fahre ich gen Westen. Ich erinnere mich an Grenzsicherungsanlagen und an die Mauer. Das tiefe Verwachsensein mit Politik, das schon in meiner Kindheit begann, holt mich auch heute ein. Nicht einmal auf meiner Reise kann ich so ganz abschalten. Nahe Marburg verlasse ich die Autobahn, und erst später, nach längerer Fahrt durch Deutschland, kann ich wählen zwischen Frankfurt und Köln. Ich entscheide mich für die Autobahn Richtung Aachen. Dort werde ich Deutschland verlassen. Nahe Aachen kann ich auf einem Rastplatz übernachten und am Morgen zeitig schön frühstücken.

Mittwoch, 16.12.1998

Nach einer Fahrt durch Belgien, wo ich mich ein wenig auf den Autobahnen verirre und durch Antwerpen und Ostende fahre, anstatt die Städte zu umgehen, erreiche ich den Eurotunnel nach Großbritannien. Der Preis ist jetzt noch höher, und da eigentlich alles geplant erscheint, löse ich nur eine einfache Fahrt für mich und mein Auto für 310 DM. Ich erreiche Großbritannien auf diesem Weg, aber bei der Einreise werde ich streng kontrolliert. Sogar nach Waffen werde ich wieder einmal gefragt. Der Zoll kontrolliert alle Bücher, Koffer und Geschenke. Ich darf einreisen. Ob ich mir das gut überlegt habe?

Abends schon melde ich mich in Windsor an. Die Stadt sieht aus wie meine Puppenstube, reich gepflegt und voller Leben. Die Lichter auf den Straßen sind meine Beleuchtung in den kleinen Zimmern, und die Bewohner sind so schön gekleidet wie meine Puppen. Alle gehen fleißig ihren Aufgaben nach, sind beschäftigt und lassen sich nicht stören. Diese Aufgaben konnten auch meine Puppen übernehmen, und mein Kaufmannsladen war sogar schöner als das Geschäft, in dem ich mir schnell noch etwas zu essen gekauft habe. Es könnte sein, dass ich da aufgewachsen bin. Ich werde mich noch heute in dem Schloss melden. Sicher hat Königin Elisabeth II. meinen Brief erhalten. Großbritannien war neben der Schweiz das einzige Land mit Kontrollen zur Einreise, aber in GB war es strenger in den Überprüfungen. Warum sollte man hier lügen? Aber sicher bin ich nicht. Schon die Wachen weisen mich ab. Es gibt keine Möglichkeit, die Burg zu erobern auf diesem Weg. Es wird Probleme geben. Ich fahre nach London am Abend.

Donnerstag, 17.12.1998

Ich weiß seit gestern, dass die Königin in London regiert. Der Versuch einer offiziellen Anmeldung scheitert. In den Gesprächen mit den Wachen erfahre ich mehr über das Land. Es ist nicht einfach, den Rat einer Familie anzunehmen. Sicher muss sich die Königin ihrer Familie beugen, wenn meine Entscheidung nicht ganz für ihr Land ausfällt. Ganz sicher kann sich dessen niemand sein. Ich weiß, dass mein Geld vorerst nicht für Rückfahrt reicht. In London habe ich Geld gewechselt, da ich nur in Pfund bezahlen konnte. Der Tankwart wollte warten, bis ich umgetauscht hatte. Nach dem Tauschen musste ich die Tankstelle suchen.

Die Königin hat heute Gäste empfangen. Ich erinnere mich an die Hochzeit des Königs von Schweden. Oft hat meine Patentante davon erzählt, und sie musste sogar ihren Urlaub in Deutschland abbrechen, um das nicht zu verpassen. Die Fotos davon hat sie nie gezeigt. Abends bin ich wieder in Windsor. Es ist eine kurze Fahrt zwischen London und dieser Kleinstadt. Sie erinnert wirklich an Zittau, vor allem in der Weihnachtszeit, und selbst unsere Lichterbäume und Ketten sehen so aus. Die Verständigung ist nicht einfach. Ich verstehe viel zu oft nicht, was die Leute sagen. Gestern sollte ich 15 Pfund bezahlen für den Besuch im Schloss, und heute durfte ich nicht hinein. Die Suche nach kostenfreier Übernachtung und Arbeit sind erfolglos. In einem christlichen Verein kann ich nicht bleiben, obwohl er für Frauen ist. Ich probiere also weiter.

Vor dem Buckingham Palace

Der Buckingham Palace als Wohnsitz der Könige in London

Freitag, 18.12.1998

Die Jobsuche ist nicht leicht. Manche Anschrift finde ich nicht. Für Hilfe und Unterstützung bin ich nicht arm genug. Das ist aber auch in Deutschland so. Da habe ich eine Wohnung und ein regelmäßig niedriges Einkommen. Ich finde Möglichkeiten für mich zur Pflege ähnlich wie in Wien. Es gibt ein Problem mit dem Auto. Es ist festgekrallt worden, da ich länger als die zwei Stunden Höchstdauer dort stand. Aber die Jobsuche hatte länger gedauert am ersten Tag. Dass ich nicht zurückfahren kann, wusste ich schon vom ersten Tag an, als ich für die Überfahrt bezahlt hatte. Die Folgen der eigenen Wahl zu tragen, ist vielleicht nicht ganz einfach, aber es ist das, was die Begegnung mit der Königin (Elisabeth II.) in Zittau so einfach gemacht hat.

Ich bin nicht sicher, ob mein Auto dort stehen bleibt. Vorgestellt habe ich mir so meine Ankunft in Großbritannien nicht. Eigentlich wollte ich Königin werden, aber mit Rückendeckung in meinem Land. Als ich aus Kroatien zurückgekommen bin, hatte ich gewählt. Kann man ein Land wählen für sein Leben? Wenn Königin Elisabeth II. von einer Reise zurückgekommen ist, hat sie ihren Reichtum in ihrem Land angelegt. Ich wollte nach allen Reisen in Zittau ankommen so wie in den letzten Jahren. Ich bin müde von den Anstrengungen der Reise. Bloß wenn der Wechsel geht zwischen zwei Ländern hat der Gedanke der Europäischen Gemeinschaft einen Sinn. Je höher entwickelt und je seltener die Arbeit ist, umso mehr Geld müsste es dafür geben, wenn man Reichtum erhalten will. Ich sehe Menschen, deren

Namen ich kenne. Von manchen kenne ich sogar die Gesichter aus dem Fernsehen. Ein Start in London scheint möglich. Wenn ich arbeiten will, müsste ich die Sprache verstehen lernen. Antworten kann ich immer.

Sonnabend, 19.12.1998

Ich bin frisch gewaschen und ganz zufrieden. Für meine Kinder habe ich zwei Ansichtskarten abgeschickt von Windsor und London. Vorstellen kann ich mir nicht, dass die Wachen der Königin weglaufen würden, wenn sie mich suchen sollten. Wenn mein Auto dort stehen darf, dann hätte ich eine Meldeadresse. Wegen meiner Kinder brauche ich mir keine Sorgen zu machen. Ich habe alles geordnet. Wenn ich Elisabeth III. bin, dann hat Elisabeth II. nie gewusst, ob sie mich je wiedersieht. Das würde ich nie ertragen. Arbeiten – also Schreiben – kann ich morgens in einer Gaststätte. Mein Englisch reicht zur Verständigung. Ich muss viel reden und viel schreiben in Englisch. Regieren kann man ein Land bloß, wenn man es gut kennt. Neben meinem Auto standen am Morgen Zeitungen. Ich würde die Zeitung brauchen wegen der Arbeitsangebote. Von der Reise bin ich müde. Vielleicht hätte ich im Frühjahr starten müssen. Man kann krank werden. Ich werde es weiter versuchen. Zuerst die Adresse von gestern, denke ich mir. Ich zittere ein wenig.

Bei meinen Pflegeeltern in Chemnitz konnte ich mich immer ausruhen in den letzten Jahren bei meinen Besuchen. Vor Krankheiten fürchte ich mich am meisten. Aber ich bin versichert, und mir bleibt mein Auto. Vielleicht wird das meine Adresse? Während ich lernen musste, unabhängig zu leben, hat dieser Herr der Bau GmbH gelernt, so zu bauen, dass jeder seine Wohnung mieten will. Sie sind so, dass ich sie jederzeit wiederkaufen möchte. Die gleichen vier Fenster habe ich in London nahe der deutschen Botschaft gefunden. Aber ein Herr hat gemeint, dass die Miete etwa 1500 Pfund beträgt. Ich muss mich aufmachen, einen Job und eine Wohnung zu finden oder ein Zimmer. In meinen Bemühungen um Arbeit habe ich in vielen Hotels vorgesprochen. Für Montag habe ich drei Bewerbungsgespräche vereinbart. Eine Buchhandlung habe ich gesucht und in vielen anderen meine Bücher angeboten. Ich bin wohl auch in Großbritannien zu reich, um unterstützt zu werden, aber es ist sehr interessant hier. Vielleicht bekomme ich eine Möglichkeit, Geld von meinem Konto abzuheben. Morgen gehe ich vielleicht zur Kirche. Ich habe ein Blatt für den Weihnachtsgottesdienst bekommen und kann bei Burger King an meiner Reisebeschreibung arbeiten. An den gleichmäßigen Lärm und die Musik gewöhnt man sich schnell, und er stört kaum. Ein wenig Muskelkater habe ich in den Schultern. Mein Auto kann ich frühestens im Januar auslösen, wenn ich keine Arbeit finde. Ich habe ein Wörterbuch vergessen, aber jeden Tag kann ich mehr sagen und mehr fragen. Ausländer gibt es viele. Die Sehenswürdigkeiten und Denkmäler sind bedeutender als ich dachte, wenn der Eindruck beim Wandern durch eine Stadt entsteht. All diese historischen Denkmäler musste ich schon im Englischunterricht lernen. Dieses Wissen und meine Karte sind inzwischen ein guter Stadtführer. Schon eine regelmäßige Arbeit und ein fester Schlafplatz sind eine Erleichterung. Wenn mein Auto stehenbleiben kann, dann habe ich vielleicht eine feste Adresse. Hoffentlich fehlt nichts. Nach dem Ausruhen gehe ich zum Auto. Aber so lerne ich wohl zu leben und zu sterben in einem fremden Land. Von einem Werbeblatt für die Weihnachtsgottesdienste hätte ich gerne zwei genommen, aber es stand da Take only one. Ich hätte sie meinen Kindern schicken wollen. Vielleicht hole ich mir noch welche.

I´m not sure if I can understand something in the church. I will look tomorrow.

Irgendwo hatte ich gelesen, dass manchen Schriftstellern beim Auswandern sogar das Papier ausgegangen ist in der Zeit vor dem Zweiten Weltkrieg. Mein Vater – da wo ich in Chemnitz aufgewachsen bin – hat im Zweiten Weltkrieg für Deutschland gekämpft und später den Rückzug unterstützt und die Kapitulation. Sein Vater war Soldat im ersten Weltkrieg gegen Belgien in der Gegend um Ostende und hat für Deutschland gekämpft. Ganz wohl fühle ich mich dabei nicht. Britische Geschichte ist eine Geschichte von Siegern und Triumpfen nach Schlachten, aber auch Ausdruck einer beeindruckenden Architektur. Vielleicht spürt man in London kontinuierliches Arbeits- und Erfolgsstreben. Jeder Herrscher präsentiert seine Zeit mit Schlössern und Siegessäulen. Im Vergleich dazu scheint Windsor eine uneinnehmbare Festung zu sein – im Krieg groß genug, um der ganzen Bevölkerung Schutz zu bieten, wenn sie ihre Wohnungen verlassen. Morgen früh werde ich mich sonntäglich schön machen, aber ich falle zu sehr auf.

Ein Geschäft für Hüte habe ich nicht gefunden. Weihnachtsgeschenke wird es vielleicht gar nicht geben. Vielleicht kann ich Geld verdienen. Während Essen teuer ist, ist Kleidung preiswert. So ein schwarzer Mantel, wie ich ihn als Kind hatte, hängt hier im Schaufenster eines Geschäftes. Wenn das Wetter schön bleibt, beginne ich mit Fotografieren. Vielleicht könnte ich im Auto schlafen am Nachmittag. Zu den Bewerbungsgesprächen möchte ich ausgeruht sein.

Some time I´m happy that I can stay in this country. I will write a postcard to Croatia and to Germany. In the book shop I can´t find my books.

Gestern hat mich ein Herr angesprochen, der schon viereinhalb Jahre in Großbritannien lebt. Er kam aus Malaysia. Ich hätte ihn fragen sollen, wo er sein Geld herbekommt und wo er schläft.

Ich habe zwei neue schwarz schreibende Stifte bekommen. Aber ich habe bei der Werbung gar nicht gesagt, dass ich gar kein Geld habe, um etwas zu kaufen.

Abends oder besser am Nachmittag komme ich zur Lower Belgrave Street zurück. Aber mein Auto ist weg. Auskunft gibt die nächste Polizeistation. Mit der U-Bahn muss ich zu dem Platz fahren, wo es jetzt steht. Es hatte die Parkzeit überschritten. Ein wenig wütend bin ich schon. Jeder Polizist müsste erkennen, dass es ein Auto mit einem fremden Kennzeichen ist. Schimpfen bei der Polizeistation kann ich mir nicht verkneifen. Ein Taxifahrer muss mir helfen, diese Station zu finden. Mein Auto brauche ich zurück ohne Geld. Der Taxifahrer jubelt bei der Frage, ob ich bezahlen muss, wenn ich Elisabeth III. bin . Aber verärgert war er nicht, als ich ihn um eine Quittung für die Kosten gefragt habe. Er war eher sehr freundlich. Taxifahren, Busfahren, U-Bahn und Laufen sind so wie in anderen Ländern, bloß eben in einer anderen Sprache, und ich muss öfter fragen. Ich kann Schulkindern in der Stadt zusehen.

Ob ich Königin werden kann?

Zuerst müsste ich sicher sein, dass ich in dem Land leben kann. Ich habe am Ende mein Auto zurück, aber ich muss sagen, dass ich Elisabeth III. bin. Nach den Verlassen der Station fahre ich noch wenige Kilometer und schlafe erst mal ein.

Sonntag, 20.12.1998

Heute ist der vierte Advent. Schon gegen drei Uhr werde ich munter. Es ist kalt. Ich muss mir eine Übernachtungsmöglichkeit suchen. In London sind auch nachts immer Leute auf der Straße. Als ich zur Victoria Station fahre, ist der Bahnhof geschlossen, und nur Reisende dürfen hinein. In der Gaststätte, in der ich gestern gefrühstückt hatte, kann ich das WC benutzen. Danach kann ich parken, wo ein gelber Strich am Straßenrand ist. Morgens ist der Bahnhof so kalt, dass ich zittere. Im gleichen Kaffee von gestern frühstücke ich. Nicht immer kann ich es mir leisten, für vier Pfund zu essen. Ich denke, heute ist Sonntag. Wenn ich mich erinnern muss, war alles sehr schön und musste mich nicht um das tägliche Leben sorgen. Aber die Frage nach meinem Geburtstag als Elisabeth III. konnte ich dem Polizisten nicht beantworten. Er musste die Information meinem Pass entnehmen. Aber ich weiß, wo ich suchen muss. In

Windsor wollte mich eine Frau in die Bibliothek aufnehmen. Heute ist auch für mich Sonntag. Mein Auto kann den ganzen Tag bis morgen um sechs neben der gelben Linie parken. Ich gehe zur Westminster Cathedral. Es ist ein katholischer Gottesdienst, und ich kann nicht mal das Vaterunser mitsprechen. In Latein ist nichts mehr zu hören. Nach dem Gottesdienst kann ich mich beim Pfarrer nach Texten in Englisch erkundigen, um zu lernen, wenn alle gemeinsam sprechen, aber ich muss wieder zwei Pfund bezahlen. Ich muss das lernen, was ich brauche, um im Land von Königin Elisabeth II. leben zu können. Für eine Wohnung mit vier Fenstern zur Straße würde ich 1500 Pfund pro Woche bezahlen. Ob ich mir das je leisten könnte? Mit der Wohnung würde ich mich nicht verschlechtern beim Anblick des Hauses. Der Baustil ist ein wenig anders, aber solche Aufträge wie in Deutschland möchte ich lieber nicht nochmal übernehmen müssen. Im Gottesdienst kann ich nicht alles verstehen, aber gestört hat das niemanden. Viele tragen hier schwarze Kleidung als Oberbekleidung, und mein langer Mantel wäre manchmal wärmer. Auch das Schreiben in den Gaststätten stört niemanden. Ich werde zurückgehen zum Auto. Für einen Spaziergang brauche ich die Karte. Für den Weg zum Auto schon nicht mehr. Ich finde, mir fehlt ein Film. Mit dem zweiten fange ich an zu knipsen. Wenn ich über die deutsche Botschaft zurückfahren muss, habe ich Zeit bis nach Weihnachten. Wenn ich keine Arbeit finde, kann ich am Dienstag die Rückreise probieren. Um die Sprache des Landes zu verstehen, frage ich mich und andere, wer die Leute auf den Denkmälern sind, wenn kein

Name darunter steht. Manchmal wissen das die Palastwachen der Königin auch nicht, oder sie dürfen keine Antwort geben.

In einem Geschäft für Königinnen finde ich vielleicht Antworten, aber manchmal ist mir das alles zu viel. Ich wünsche mir ein Bett oder einen Schlafsack. Mir fällt ein, dass vielleicht die Regierung der DDR mit den Briefen der Königin ihre internationale Stellung festigen konnte bis zu der Zeit, als ich noch nicht achtzehn Jahre alt war. Da endete in der DDR die Verantwortung der Familie und des Staates für die Jugendlichen. Es kann sein, dass die Königin Angst hatte in den Gärten oder in die Stadt zu gehen mit den Kindern, als sie noch klein waren. Für mich wird es nicht leicht sein zu zeigen, dass ich das gesuchte Kind bin. In den offiziellen Veröffentlichungen fehlt das Private. Außerdem bin ich mit anderen Daten problemlos erwachsen geworden. Würde es auch den anderen Kindern so ergehen? Ob ich willkommen bin? In der Kirche habe ich nicht schlecht abgeschnitten, denke ich. Jeder wusste bei meinen Fragen, was ich wollte. Die Königin reagiert so souverän in ihren Gesetzen, dass sie es nicht nötig hatte, auf meinen Brief zu antworten. Den Wunsch, den Einfluss auf die Regierung Deutschlands durch den Landkreis Löbau / Zittau zu verstärken, über die Kontakte der Könige, hat sie bestimmt durchschaut. Verständlich ist, dass sich jeder wünscht, dass meine Zeugnisse nicht wahr sind. Es wird dann der Nachholbedarf jedes anderen sichtbar. In meiner Schule und Klasse war die Ausbildung gleich. Erst später wurde sie von niedrigeren Anforderungen abgelöst.

Im Buch der Westminster Kathedrale finde ich das Glaubensbekenntnis und Vaterunser. Zusammen mit den Liturgien habe ich also viel zu lernen. Vielleicht hatte die Königin auch keine andere Wahl als mich wegzugeben, um selber Königin zu werden. Es lohnt nicht, weiter zu suchen. Ich bereite mich lieber auf meine Arbeit und die Bewerbungen vor. In Großbritannien kann man, glaube ich, noch tiefer sinken als in Deutschland mit Sozialhilfe. Aber die Sicherheit, die mit Sozialhilfe entsteht, ist wenig dauerhaft.

Montag, 21.12.1998

Es war kalt, kalt und nochmal kalt. Ein Start im Frühling wäre besser gewesen. Ich aber hatte Angst vor Weihnachten. An manchen Stellen ist London sehr schön. Ich konnte meine Sachen wechseln und mich waschen. Für einen Start ohne fremde Hilfe eignet sich die Victoria Station, weil dort alles sauber und gepflegt ist. Nur die Duschen sind geschlossen. Es dauert schon nicht mehr lange, bis ich manche Straßen gefunden habe. Ich bin pünktlich im Hotel und darf ab neun dort warten. Zuvor habe ich Zeit für einen Cappuccino. Es ist kalt, kalt, kalt. In der Gaststätte wird Weihnachtsmusik gespielt. Irgendwo steht mein Auto, und gegen neun muss ich im Hotel sein. Ich brauche eine Arbeit und Übernachtungsmöglichkeit noch vor Weihnachten. Auch ohne meine Familie bin ich Elisabeth die Dritte von England. Ich wüsste nicht einmal, wie groß mein Land ist. Ab neun Uhr kann ich in diesem Hotel warten. Um zehn beginnt die Personalabteilung zu arbeiten. Nach deutschem Recht müsste ich Weihnachten alleine oder mit meinen Kindern feiern. Die Bank an der Ecke der Straße war die, die weiß, wo ich Geld aus Deutschland bekommen kann. Sie heißt Barclays oder so ähnlich.

Einen Verkaufsstand auf dem Trödelmarkt könnte ich mir nicht leisten. Er kostet 45 Pfund. In dem Hotel ist es sehr ruhig, aber es sind viele Gäste. Ich zittere nicht mehr. Aber die Füße sind noch kalt. Auf den Tisch steht weißer und brauner Zucker. Ich bin hungrig. An meine Familie und an Weihnachten denke ich besser nicht. Das Märchen vom Schwefelhölzchen habe ich oft gehört. Hier könnte ich lange sitzen und schreiben. Der Zucker schmeckt nach Honig. Wenn ich Königin werden will, dann werde ich also in London ausgesetzt.

Im Bewerbungsgespräch habe ich alles verstanden, aber ich werde nicht angestellt. Wie soll ich herausbekommen, was ich essen würde und welche Gewürze es gibt usw. Wegen der Hinweise eines Herrn gehe ich mich lieber erkundigen, ob ich Geld habe. Eine Bankauskunft sagt ja, aber ich weiß nicht, wie ich es erhalte. Ich kann also in Großbritannien von englischem Geld leben. In Deutschland bin ich auch nicht gerade arm. Aber irgendwie ist es schwer, alles selber zu erkunden. Ich glaube, wenn ich nicht sofort Geld erhalte, muss ich mich um die Rückfahrt kümmern. Das Günstigste wäre ein Kredit der deutschen Botschaft. Nur wenn ich mein Geld selber verwalten kann, wird es nach meinen Interessen verwaltet. Bevor ich meine Reise begann, hatte ich geträumt von Reichtum, von Ruhe, von Schwimmen und von den Sehenswürdigkeiten. Vor dem Buckingham Palast steht ein Denkmal für „Victoria Regina et Imperatrix“ Ob das für mich ist? Es gibt vielleicht Verträge? Ich könnte dann Königin Regina werden? Sicher war meine Großmutter Elisabeth sehr stolz auf mich, wenn ich mitregiert habe. Aber von den Besuchern um den Palast weiß niemand, wer die beiden Frauen sind. Auch die Wachen antworten nicht. Wegen der knappen Kassen bei meinen Finanzen muss ich an die Rückreise denken. London ist sehr schön. Ein wenig abenteuerlich und für das erste Mal nicht leicht, mit dem Auto zu bewältigen. Ich habe zwei Strafzettel wegen der gelben Linien. Aber ich muss oft halten, wenn ich nicht weiß, wo ich bin. Ohne Anhalten fährt man manchmal durch die ganze Stadt. Vielleicht billigt man einem Königskind Rechte zu? Bei so viel Unklarheiten fahre ich lieber zurück. Es ist eine Frage des Geldes. Ich tanke und muss in die deutsche Botschaft fahren. Es gibt Paparazzi. Eigentlich freue ich mich dann, denn sie können meine Reise bezeugen. Manchmal eignen sie sich auch für „Follow me“ bei der Ausfahrt aus einer Stadt. Ich bin es nicht gewohnt, mit so wenigen Rechten in Deutschland zu leben, wie Elisabeth II. in England, finde ich.

Ich fahre zur Botschaft. Zuerst werde ich empfangen. Der Botschafter oder ein Vertreter fordern die Rückreise. Den für mich bequemsten Weg des Lebens vom Geld will er nicht bestätigen. Ich soll es von der Barclays-Bank holen.

Mit Hilfe einer Bankangestellten lasse ich mir den Automaten erklären. Es geht und klappt, und ich bekomme 50 Pfund. Ich probiere es noch einmal. Es geht wieder. Aber ich fahre nach Deutschland zurück. Spät in der Nacht erreiche ich Dover. Die Paparazzi haben sich verabschiedet und mich ein Stück begleitet. Der Zug durch den Eurotunnel würde mein ganzes Geld verbrauchen. Ich muss auf die Fähre warten.

Dienstag, 22.12.1998

Nachts fährt eine Fähre nach Calais. Sicher soll sie Besucher und Feiernde nach Frankreich zurückbringen. Ich warte und friere. Auf der Fähre gibt es heißen Tee. Ich fahre, halte an und schlafe ein. Es ist kalt, und ich wache wieder auf. Ich fahre und schlafe wieder ein. In einer Raststätte in Belgien frühstücke ich. Später trinke ich bei einem Halt noch Kaffee. Ich erreiche Deutschland und kann gegen Mittag in einer Raststätte essen. Später habe ich mich in einer Abfahrt geirrt und fahre ein wenig um. Für zehn Pfund bekommt man 19 DM an der Raststätte. Das ist wenig. Ich fahre weiter, halte an und schlafe ein.

Elisabeth III. wird krank. Sie bekommt eine rote Nase und einen Schnupfen. Sie hat keine andere Wahl, als sich zurückzuziehen. Geträumt hat sie von einem schönen Weihnachtsfest. Es wird Abend, und ich habe noch nicht einmal Erfurt erreicht. Mit dem Wechsel Fahren und Anhalten vergeht der Rest der Nacht.

Mittwoch, 23.12.1998

Ich erreiche um halb acht am Morgen Chemnitz. Zuerst versuche ich zu tauschen. Etwa um acht ist meine Mutter da aufgestanden. Zum Frühstücken komme ich gerade noch rechtzeitig. Im Bad steht die Waschtasche meines Vaters in Chemnitz. Ob er noch lebt? Meine Mutter in Chemnitz weiß es nicht genau. Ich fahre doch zum Tauschen zur Sparkasse und in das Krankenhaus. Mein Pflegevater Friedrich Max Ebert ist verstorben. Er hat das Zugeben der Wahrheit und meine Reise nicht überlebt, sondern mit seinem Leben bezahlt. Ich werde ihm lange gedenken.

Grabmal des Friedrich Ebert und seiner Gemahlin im Herbst für zwanzig Jahre in Chemnitz

Elisabeth die Dritte von England besucht Großbritannien ein zweites Mal

Beschreibung einer Reise im November 1999

Einleitung

Elisabeth die Dritte von England will Königin von Großbritannien werden. Sie weiß schon jetzt ganz sicher, dass sie das Königskind sein kann, welches in Deutschland gestohlen wurde oder verloren ging. Aus den vielen Studien in den Bibliotheken und Archiven deutscher Universitäten hat sie schon viel gelernt. Sie kennt ihren wirklichen Namen und weiß, dass Elisabeth nur einer davon ist. Aber Elisabeth III. von England möchte unter diesem Namen Königin werden – so wie Königin Elisabeth die Zweite eine regierende Königin ist. In deren Arbeit hat sich Repräsentation nie von den Leistungen getrennt. Königin Elisabeth der Zweiten von Großbritannien muss es schwergefallen sein, mit der Schuld ihres Vaters die britische Krone zu tragen. Aber Elisabeth die Dritte kennt deutsche Schuld dabei.

Auch heute entsteht Politik auf die gleiche Weise, nämlich orientiert an den Interessen der Regierenden. Ihr fällt es nicht schwer, in einem Gottesdienst der englischen Kirche dieses God save the Queen zu singen oder weiter:

Onward, Christian soldiers,
marching us to war.
With the cross of Jesus
going on before.

Einer dieser Soldaten war sie als Kind. Das erinnert auch an die Erziehung in der Deutschen Demokratischen Republik. Dereinst sang man: „Wozu sind die Straßen da? Zum Marschieren, zum Marschieren in die weite Welt“ In der DDR hatte auch die Kirche ihren festen Platz, mit all den Problemen bei Gegensätzen zur offiziellen Politik. Die Probleme und Gegensätze gibt es auch heute in allen Ländern. Es erinnert an das Bedürfnis nach Schutz und Geborgenheit. Vielleicht möchte Elisabeth die Dritte von England eine solche Burg bewohnen. Die vielen Soldaten im Gottesdienst wären dann ihre Wachen und ihr Schutz.

Wie es nun wirklich weiter geht und was sie auf ihren Reisen erlebt hat, das ist in den folgenden Geschichten zu lesen.

Jede Reise braucht eine genaue Vorbereitung – Jede Reise braucht ein genaues Ziel

Beim Abschied in London im letzten Jahr hatte Elisabeth die Dritte von England versprochen, dass sie wiederkommt. So richtig vorstellen kann sie sich das noch nicht.

In der Kirche, die sie besuchte, konnte sie nicht einmal das Vaterunser. Sie wusste auch nicht sicher, ob man das gesprochen hatte, so fremd war ihr der Gottesdienst. Mit ein wenig Latein kann sie das dem Pfarrer dort klarmachen.

Elisabeth die Dritte kauft sich also schon in London lieber ein Buch zur Liturgie in der Sprache des Landes. Später in Deutschland findet sie in einer Buchhandlung eine ältere Bibel nach der Version von König James. Es ist ein merkwürdiges Englisch und erinnert wenig an ihre Schulzeit. Besser man lernt rechtzeitig, um Pannen zu vermeiden.

Aber das alleine reicht nicht aus. Wenn Elisabeth die Dritte von England Königin werden will, muss sie die wichtigsten Ereignisse im Leben der Königin kennen. Es gibt Lesesäle, die Bücher zu solchen Themen besitzen. Reiseführer über London oder ganz Großbritannien geben manchmal Auskunft. Das alles aber muss man schon lange vorher wissen. Nicht einfach ist es, die ganzen Reisekosten zu erarbeiten oder zu sammeln. Das braucht manchmal ganz schön lange, wenn man gleichzeitig für Kinder sorgen muss. Mit Arbeiten und Sammeln vergeht bestimmt fast ein Jahr. Für das Wochenende oder die Woche, in der sie nach Großbritannien fahren will, ist die Eröffnungsrede der Königin im Parlament angesagt, steht in einem Reiseführer. Das mit den vielen Namen der Prinzessin hat sie in einem anderen Buch gefunden.

Zur Vorbereitung der Reise gehört die Pflege des Autos, insbesondere die Kontrolle aller Teile und dessen, was daran kaputt gehen könnte. Und es gilt, alle Sachen zu packen: solche, die man für eine kürzere Reise braucht, und solche für eine längere. Wenn man einen Job findet, kann man gut ein halbes Jahr bleiben. Auch alle anderen Aufgaben muss man nach den Reiseplänen abstimmen. Nicht einmal das ist immer leicht. Die Fahrkarten für die Überfahrt sind nicht billig, aber sie sind dafür im Hafen zu kaufen.

Es beginnt eine lange Reise

Von Zittau, einer ostdeutschen Kleinstadt, bis London, der Hauptstadt Großbritanniens, sind es mehr als tausend Kilometer. Ich werde mich selbst um meine Fragen, Sorgen und Probleme kümmern. Die Pausen einer solchen Reise plant man am besten da, wo keine Kosten entstehen. Der erste Reiseabschnitt ist für mich die Strecke bis Chemnitz. Mit der Vorbereitung der Geburtstagsfeier und den üblichen Arbeiten für meine Mutter in Chemnitz vergehen schon ein paar Tage. Ich zweifle daran, ihr Kind zu sein, aber ich bin da erwachsen geworden. Im letzten Jahr sollte ich mich mit meinen Fragen und Problemen an eine Londoner Polizeistation wenden, die sich auch mit solchen Fragen beschäftigt. Das werde ich machen. Diese Mutter in Chemnitz erholt sich bei jedem Besuch ein wenig. Es ist aber nicht geheizt, auch sonst schafft die Frau nicht mehr alles. Vielleicht wird sie betreut, um nicht berechtigt zu sein, die Wahrheit zu sagen. Bis Sonntag ist alles geordnet.

Schon am ganz frühen Morgen frühstücken wir zusammen, und dann fahre ich los. Es ist eine weite Reise. Bereits die nächste Pause kostet Geld. Ich besuche Marburg und besichtige Schloss oder Burg. Die enge Verbindung deutsch-britischer Geschichte wird auch hier sichtbar. So konnte man in alten Zeiten etwa Kurfürst von Hessen und König von Schweden sein oder als Herzog von dieser Gegend König von Großbritannien werden. In meiner ostdeutschen Kleinstadt werde ich heute schon nicht mal mehr angestellt, um für das tägliche Brot zu arbeiten, fällt mir ein. Aber es ist eine schön eingerichtete Burg. Schlösser und Burgen werden in

Deutschland von Geld der Steuerzahler erhalten. Es ist es wert, sie zu bewahren, auch wenn sie fast ausschließlich Museen sind. Oder müssten etwa die Ämter schon heute in solche Burgen ziehen? Gut erholt fahre ich weiter. Am Rande der Autobahn gibt es noch oft Rast für mich und mein Auto, manchmal für Benzin und manchmal für einen Tee. Aber nur wenn ich keine weiteren Städte besuche, werde ich am Abend Calais erreichen. Die Straße zwischen Ostende und Calais ist meine liebste. Ich schaffe es trotz meines Besuches in Marburg. Schon ganz früh am Morgen werde ich auf die britischen Inseln übersetzen. Es ist noch finster, als ich zum Hafen fahre. Am Fahrkartenschalter verhandle ich ein wenig. Aber man kennt mich schon. Der Preis wird nicht billiger als 300 DM für eine Überfahrt. Ich bekomme sechs Francs zurück. Gefrühstückt habe ich schon, aber die Francs möchte ich nicht behalten. Auf der Fähre reicht das Geld für eine ganz kleine Cola.

An den Wechsel der Straßenseiten sowie die Angabe der Entfernungen und Geschwindigkeiten in Meilen bin ich schon gewöhnt. Das stört mich nicht. Ich sehe die Burg von Dover, als es gerade hell werden will und das Schiff den Hafen erreicht. Sie erhebt sich gewaltig über der Stadt. An dem Stützpunkt der Soldaten der Küstenwache fahre ich vorbei Richtung London. So eine Reise kann immer anders ausgehen als geplant. Das Auto kann ausfallen, man kann etwas verlieren. Doch diesmal klappt alles. Mit meinem kleinen blauen Auto erreiche ich also London.

Elisabeth die Dritte von England will sich als Königskind identifizieren lassen

Ich werde den Tipp jenes Herren in London, der meinen Pass auf die vielen eingetragenen Visa – etwa von Bulgarien, Rumänien, der Türkei oder Albanien – kontrolliert hat, ernst nehmen und mich zuerst in der angegebenen Polizeistation melden. Da war man freundlich und hatte sogar begriffen, dass das mit den Strafzetteln am Auto so nicht funktioniert, wenn man das Land als Ausländer besucht.

Es ist leicht, das Problem zu erklären. Ich zeige dem Diensthabenden Bilder von mir und der Queen. Diese Ähnlichkeit kann keiner verleugnen. Er ist sehr freundlich und erklärt mir, dass ich mich hierzu im Buckingham Palace melden müsse. Eine solche Identifikation könne nur die Königin selbst vornehmen.

London ist sehr schön. Angesichts des dichten Großstadtverkehres ist es aber nicht einfach, einen Parkplatz zu finden. Ohne eigenes Auto ist man in London schneller und beweglicher. Die Busse fahren so oft, dass man jedes Ziel relativ schnell erreicht.

Ich esse in der Victoria Street zu Mittag und bummle dann ein wenig. Bei zehn Minuten Verspätung Parkzeit habe ich schon wieder einen Zettel am Auto. So erfährt aber wenigstens die Königin, dass ich in London war mit meinem kleinen Auto mit dem Kennzeichen ZI SN 54. Noch nicht alle scheinen da zu wissen, dass Elisabeth III. Königin werden will. Die Polizeistation, in der ich mich melden sollte, weiß es schon. Immer, wenn man eine Stadt besucht, da lernt man viel Neues. Ich weiß aus meinem Reiseführer, dass im November die

Zeit ist, in der Königin Elisabeth die Zweite von Großbritannien viel öffentliche Arbeit in der Hauptstadt ihres Königreiches hat. So fahre ich nach dem Essen und einer Erholungspause zu ihrem Palast. Von den Wachen erfahre ich, dass die Königin in Südafrika weilt. Auf dem Palast weht die britische Flagge. Weiter komme ich also vorerst nicht mit meinem Wunsch, mich als Königskind identifizieren zu lassen. Ich fahre zum Hotel. Es war das billigste, das der Reiseführer auswies. Mit dem Geld für eine Übernachtung muss ich sonst eine Woche lang leben, rechne ich nach. Aber in der Rechnung sind Autoparkplatz und Frühstück enthalten. Dann ist das furchtbar preiswert für Touristen. Ich dusche, mache mich schön, lese ein wenig und schlafe bis zum nächsten Tag.

Eine Eroberung Londons

Wenn ich das Königskind bin, müsste ich mich, wenn meine Mutter auf Reisen ist, in das Leben der Familie einordnen. Ich muss also erfahren, was die königliche Familie nun wirklich in dieser Zeit macht. Ob man da wirklich ein Kind vermisst? Ich bummle durch London und stelle Fragen. Die Wachen im Parlament erklären, dass die Eröffnung des Parlamentes am Mittwoch sei. Aber auch heute Nachmittag könne man schon den Vertretern des House of Commons zuhören.

In der Stadt sind viele Menschen. An Ständen findet man immer wieder rote Mohnblüten. Was aber bedeuten sie? Es scheint, die Menschen haben hier Zeit zum Verweilen. Ich kann also alles erfragen? Die Blumen werden an der Kleidung befestigt. Es gibt sie an Kränzen und auf kleinen Kreuzen, die man in die Erde steckt. Mit den Blumen gedenkt man der Toten der Kriege oder bei den Einsätzen der königlichen britischen Armee. Ich kenne die Gefahren meiner Arbeit in Kroatien und die in Deutschland, wenn man bereit ist, in einem Mordfall auszusagen, wie auch alle Gefahren in einer freien Kandidatur in der deutschen Politik.

Wann und wo diese Soldaten gestorben sind, liest man auf den Kreuzen in der Erde vor der Kirche. Ich stecke mir eine Mohnblume an. Am Nachmittag besuche ich das Parlament. An Waffenkontrollen gewöhnt, gebe ich meine Tasche zum Durchleuchten ab. Ich lasse sie in ein Gepäckfach stellen und höre nach den restlichen Kontrollen der Diskussion zu. Äußern könnte ich mich zu Fragen der britischen Wirtschaft nicht, doch ich könnte das schnell lernen. Anhand dieser Reden kann man die Aussprache seines Englisch verbessern, um besser verstanden zu werden. Es wird spät, ehe ich das Hotel erreiche. London hat viele bekannte Gäste, denke ich auf dem Heimweg. Ich kaufe Ansichtskarten für meine Kinder und suche die Bushaltestelle in meine Richtung. Abenteuerlich ist das schon.

Aber alles Lernen hat eigentlich bloß Sinn, wenn man es irgendwann nutzen kann oder es wenigstens glaubt. Ich würde nichts anderes machen, als mein Denken, Fühlen, Handeln und Wissen – also meine mentalen Modelle – auf ein anderes Land zu übertragen. Aus der Erfahrung der Arbeit in anderen Ländern weiß ich, dass dies klappen kann. Ich müsste ein wenig mitregieren im Parlament.

Eine zweite Eroberung Londons

Meinen Geldbeutel überprüfend, finde ich, dass mir eine weitere Nacht in diesem Hotel nicht schaden kann. Mit vielen Jugendlichen, aber auch Leuten meines Alters frühstücke ich am Morgen. Mit jedem Tag wird das Auswählen leichter. Ich kann in der Sprache des Landes wählen zwischen Schinken, Eiern, Würstchen und vielem mehr.

Ohne Sorge habe ich mein Auto im Hof stehen. Wenn ich Königin Elisabeth die Zweite von Großbritannien wegen der möglichen Identifikation nicht fragen kann, ist eigentlich ein Auftrag meiner Reise schon zu Ende.

Es ist die Frage des Geldes zu klären. Die Gegend, in der sich die Bank befindet, ist auch für einen Stadtbummel geeignet. Im letzten Jahr hatte man da gesagt, ich hätte siebeneinhalb Millionen Pfund Sterling. Ich hatte mich mit dem Pass ausgewiesen, auf den Tipp während des Bewerbungsgespräches hin, nach dem man mich nicht anstellen wollte. Ich fahre mit dem Bus in diese Gegend. Dort hat sich alles verändert. Der Herr arbeitet nicht mehr dort, die Möbel sind umgestellt. An eine Bankauskunft erinnert sich niemand von den neuen Beschäftigten. Ich habe auch eine neue Anschrift. Je öfter ich umziehen muss, desto schwerer findet mich jemand.

In Deutschland würde man die Ursachen für sein Handeln verbergen wollen. Das geht aber über wissenschaftliche Theorien nur bedingt. Man erkennt auch die Hintermänner bestimmter Handlungen. In dieser Bank habe ich kein Geld mehr.

Ich mag es nicht, gegen meine Familie zu kämpfen. Britische Geschichte aber ist voll von solchen Kämpfen. Ein wenig später gibt es eine Ausstellung über Florence Nightingale. Ich kenne deren Geschichte aus einem Jugendbuch. Das alles wird mir gefährlich vertraut. Ansiedeln ist hier schwer.

Über das Jobcenter Adressen zu bekommen geht noch, aber wenn ich mich dann vorstelle, traut sich keiner so richtig. Gemütlich wandere ich am Buckingham Palace vorbei zur Victoria Street. In den Palast lässt man mich auch in diesem Jahr nicht hinein.

Ich probiere das Telefonieren und bin damit in diesem Jahr erfolgreich. Aber ich bekomme den Job nicht, weil ich gedacht hatte, es könnte Kost und Logis sein. Ich habe auch keine Adresse. Von einem Hotel aus kann man schlecht auf Arbeitssuche gehen. Ich besuche einen christlichen Verein, in dessen Heim junge Ausländer wohnen. Dafür bin ich zu alt. In den für mein Alter vorgesehenem Wohnheim bräuchte ich Hilfe. Man schenkt mir eine Zeitung mit Angeboten für Arbeit und Wohnen.

Es ist interessant, ein Land aus einer solchen Sicht zu sehen. Aber es ist erstaunlich, wie aufgeräumt und ordentlich dabei alles ist. Die königliche Galerie wird gerade renoviert. In zwei Jahren zum Thronjubiläum von Königin Elisabeth der Zweiten wird sie wieder eröffnet. Ich kaufe mir eine Sammlung Fotos der Königin.

Mit dem umfangreichen Frühstück ist man zu Mittag noch gar nicht hungrig.

Ich könnte tagelang durch London bummeln, so schön finde ich das.

Gegen 14 Uhr beginnt das Parlament die Eröffnung der Regierungsperiode. Die Rede verliest Prinzessin Anne. Ich komme bei all der Kontrollen ein wenig später. Die Diskussion der Probleme war wichtig. Am liebsten hätte ich mich zu Wort gemeldet. Großbritannien ist ein Königreich und keine Demokratie. Ein Königreich kann schon demokratisch regiert sein, aber man erkennt Königreiche an der Kostenverteilung.

Ob sich im Parlament alle dessen bewusst waren? Ich würde eine moderne Königin sein.

In meiner Burg würden ein Telefon, ein Faxgerät und ein Computer stehen. Deutschland bekäme keine Probleme, wenn Elisabeth die Dritte da ehrenamtlich weiterregieren würde.

Bloß – will sie das denn?

Königreich, Königswürde und die Krone werden von Geburt aus weitergegeben. Man erbt Würde und Schuld. Man sieht Könige nie arbeiten, aber deren Repräsentation fällt auf.

So schlecht war der Versuch des Mitregierens nicht. Die Überprüfung im Parlament hätte ich überstanden. Ein wenig locker spaziere ich zur Bushaltestelle. Ich muss überlegen, was weiter wird. Morgen melde ich mich in der Rechtsabteilung der deutschen Botschaft, so wie telefonisch vereinbart. Die Gespräche da lohnen sich für mich fast immer. Einordnen – nach dem Alter im Pass – würde mich der Herr als fünftes Königskind. Klüger als ich ist er nicht. Aber er weist mich auf die möglichen Gefahren hin, wenn man einer Königin zu nahe tritt. Er hat recht. Mehr als ich diesmal in so kurzer Zeit erreicht habe, geht nicht. Ich habe auf das Problem aufmerksam gemacht, und jeder weiß, wie wichtig seine Klärung ist. Man hat gemerkt, dass ich zur Klärung in dieser komplizierten Sache bereit bin. Einordnen würde ich das Ganze in die britische Geschichte zwischen Maria Stuart und der Mutter von Königin Victoria bei der Übersiedlung von Deutschland nach Großbritannien. All diese Möglichkeiten gab es in der britischen Geschichte. Elisabeth die Dritte von England möchte Königin von Großbritannien werden. Das ist ein vermessener Wunsch. Es ist beinahe so, als greife jemand nach den Sternen. Wichtig aber ist, was bei hohen Zielen entstehen kann. An die merkwürdig interessierten Blicke der Bürger und an die vielen Bitten um Geld gewöhne ich mich schnell. Nicht immer kann ich teilen, wenn ich Königin dieses Landes werden will. Mein roter Mohn liegt manchmal im Auto und steckt manchmal an meiner Jacke. Beeindruckend ist die Teilnahme an solchen Veranstaltungen auf jeden Fall. Es wird die letzte Nacht in diesem Hotel sein. Ich muss mich für sparsamen Geldverbrauch entscheiden. Bis die Königin aus Südafrika zurück ist, kann ich nicht warten. Ich esse noch in einer Gaststätte zu Abend. Billig ist hier kaum etwas, aber eben gemütlich und schön.

Besuch in Oxford

Schon am Abend vorher werde ich nachdenklich. Nach dem Herrn in der Botschaft müsste ich die Tochter des Herzoges von Edinburgh sein. Eine Königin geht nicht fremd. Ob man einen solchen Herzog besuchen kann? Ich werde mich auf meine Arbeit konzentrieren. Eine Urlaubsreise ist in Großbritannien erlaubt. Auch dienstlich kann man sich das Land ansehen. Dass ich merkwürdige Fragen gestellt habe, ist dann weniger wichtig.

Anschreiben könnte mich der Botschafter wohl kaum. Reisen auf Einladungen könnte ich bloß begrenzt. Wenn ich schon einmal in Großbritannien bin, werde ich mir das Land ansehen.

Nördlich von London liegt Oxford. Ich erinnere mich an die Erläuterungen zu den unterschiedlichen Dialekten und denke: Da müsste man mich am besten verstehen.

Oxford ist eine alte englische Stadt. Es ist das England meiner Vorstellungen. Stadtbesichtigungen und natürlich Bewerbungsgespräche sind fabelhaft. Ich glaube, auch da werden international zu vergebene Arbeitsstellen staatlich vermittelt. Vielleicht von Universität zu Universität, wenn man besonders positiv auffällt. Verstehen kann ich hier aber fast alles. Man stellt Lektoren an, keine Lehrer. Beeindruckend sind der Marktplatz und die Pflege der Stadt. Im Museum der Stadt stimmt eigentlich alles mit meinen Geschichtskenntnissen überein. Selbst die Zeit um Karl Marx könnte ich da einordnen. Schon aus Büchern über die Zeit der Königin Victoria ist mir das vertraut. Vieles hat sich auch verändert. Die Universität prägt heute das Bild der Stadt. So ganz ohne Weiteres darf man ein College nicht betreten, höchstens wenn man Arbeit sucht. Obwohl ich eigentlich nach Edinburgh fahren will, brauche ich den ganzen Vormittag.

Ich stelle fest, dass Anrufen nach Deutschland klappt. Nach dem Essen fahre ich weiter nach Norden. Hier war ich pünktlich am Parkplatz, habe aber auch schon vorher sechs Mark dafür bezahlt.

Erinnerung an die Schulzeit: Coventry

Weit zu fahren ist es nicht bis in diese Stadt. Coventry war Partnerstadt von Karl-Marx-Stadt, der Stadt, in der ich aufgewachsen bin. Heute trägt Karl-Marx-Stadt wieder den Namen Chemnitz. Karl Marx hat lange Zeit in London gelebt. Man kann ganze Städte verschwinden lassen auf den Karten. Beide Städte hatten aber auch ein ähnliches Schicksal. Man sieht in der Innenstadt viele moderne Bauten als Folge der Zerstörung im Zweiten Weltkrieg. Coventry ist wohl eine moderne Kleinstadt, in der ich schnell auffalle. Jugendliche, die für eine Kirche werben, sprechen mich an. Ich kann viel erzählen über diese Städtepartnerschaft, denn das hatten wir in der Schule. Meine Arbeit kann ich den Jugendlichen auch vorstellen in ihrer Sprache. Heute müsste ich wohl sagen in unserer gemeinsamen Sprache, wenn ich an die Europäische Gemeinschaft denke. In Coventry kaufe ich mir die Weihnachtskarten für das diesjährige Fest. In kleineren Städten Großbritanniens ist das Einkaufen leichter. Es erinnert an meine ostdeutsche Kleinstadt, in der ich sonst lebe. Es wird schon dunkel, und ich muss weiterfahren in den Norden.

Elisabeth die Dritte von England besucht Edinburgh

Nach der Übernachtung in der Nähe von York – im Norden habe ich keine Jugendhotels gefunden – fahre ich weiter nach Edinburgh. Auch auf dem Weg dahin halte ich in vielen Orten. Ich überschreite die Grenze zu Schottland. Es passiert nichts. Nahe dem Meer lockt die Küste zum Baden. Sicher war Flut in der Nordsee, denn das Wasser stand bis dicht an die Küste. Nachdenklich stimmt mich, dass es in der Stadt schnell dunkel wird, obwohl es noch nicht spät ist. Aufgrund des kostenfreien Parkplatzes kann ich die ganze Stadt besichtigen. Ich laufe ins Zentrum und finde die Burg. Dort müsstc der Herzog von Edinburgh wohnen. Als ich eine Frau frage, sagt sie, ich solle mir die Burg ruhig ansehen. Es ist die Burg schottischer Königinnen und Könige. Maria Stuart hat da gewohnt. Sie war vor Verfolgung nie ganz sicher. Es ist erst um vier, und trotzdem dunkelt es bereits. Eine andere Frau erklärt mir ausführlich, wo der Herzog von Edinburgh und die Königin wohnen, wenn sie in Schottland sind. Aber der Herzog von Edinburgh ist nicht zu Hause.

So anziehend, prachtvoll und fremd habe ich noch nie eine Stadt erlebt. In einem Geschäft finde ich einen Pullover für meinen Sohn. Ich werde ihn lieber nicht kaufen.

Eine Stadtkirche ist zu einem Einkaufszentrum umgebaut worden. Es gibt viele prachtvolle Häuser und interessante Gaststätten. In einer davon speise ich zu Abend. Das Bier schmeckt wie in Deutschland. Noch später kaufe ich Ansichtskarten für meine Kinder. Die ersten Geschäfte schließen schon. Ob ich mein Auto noch finde? Ich muss weit zurücklaufen. Abends sehen alle Straßen fast leer aus. Ich merke, der Weg ist doch nicht richtig. Ein wenig suchen muss ich schon, aber mir fällt ein, dass ich ein Werbeblatt der Kirche habe, die ich als erstes besichtigt hatte. Nicht weit davon müsste das Auto stehen. Ich komme tatsächlich wieder auf den richtigen Weg. Es ist schon ganz finster, aber immer noch viel Betrieb auf den Straßen. Ob ich mir ein Hotel suchen soll? Das wird hier teuer sein. Ich fahre zurück nach London, denke ich. In der Nacht ist weniger Verkehr.

Im Herbst beginnt die Polarnacht

Von dem reichlichen Abendbrot und dem Bier bin ich müde geworden, merke ich, als ich die Stadt verlasse. In dieser Gegend und zu dieser Zeit verkehren hier kaum noch Autos.

Ich fahre völlig allein durch die Dunkelheit. Vielleicht schlafe ich ein!

Auf dem nächsten Parkplatz muss ich unbedingt eine Pause machen.

Elisabeth die Dritte von England nimmt sich ihren roten Schlafsack und schläft ein.

Als ich aufwache, ist es noch dunkel. Ein seltsames dunkelrotes Leuchten ist am Himmel. Ich habe es noch nie gesehen. Es ist die Polarnacht, fällt mir ein. Ich schaue es mir eine Weile an und schlafe weiter. Beim nächsten Erwachen ist es immer noch dunkel und auch kalt. Ich fahre ausgeschlafen nach Süden, bis es hell wird. Mit meiner Stromrechnung kann sich hier im Norden wohl niemand vergleichen. Die schottische Landschaft ist die aus meiner Schulzeit: Weidewirtschaft, wenige Felder und dazwischen Hecken und Zäune. Es gibt Vögel, vor allem immer wieder Möwen. In den Bergen gibt es noch richtige Steinhäuser. Eines war nicht mehr bewohnt. Wenn man sich da ansiedelt, fängt man mit einem Schaf an zur Versorgung und als Arbeit, denke ich.

Als es dann richtig hell ist, erreiche ich eine Raststätte zum Frühstücken.

Am Grabmal der Lady Diana Spencer

Auf der Fahrt in den Süden – wenn ich Königin Elisabeth die Zweite nicht erreiche, muss ich zurückfahren –, kann ich zwischen mehreren Möglichkeiten einer Stadtbesichtigung wählen, beispielsweise in Liverpool, Manchester oder Birmingham. Das aber wird mir zu viel, finde ich. Für Rast zum Essen und Bummeln wähle ich Northampton. Die erste Abfahrt, die ich wähle, schildert aber auch das Altrop House aus. Sicher bin ich nicht, ob das die Gedenkstätte ist. Aber bei einer Entfernung von sieben Meilen kann ich nachschauen. Ich fahre durch vom Regen verhangene Felder. Es ist die Gruselstimmung englischer Filme, würde ich denken. Nicht lange danach stehe ich vor einem Friedhof. So kann es nicht aussehen. Aber die Straße geht noch weiter. Ich finde das Haus und weiß, dass es das Grabmal ist. Aber es öffnet nur im Juli und August. Hinein darf ich nicht, aber es hat auch so viele Besucher. Ich werde ein Foto machen, denke ich, als mich britische Besucher ansprechen und eines von mir machen wollen. Hoffentlich ist es was geworden! Ich könnte es für meine nächste Ausstellung gebrauchen. Ich erinnere mich an die letzten Jahre. Dafür dankbar bin ich, egal wie es weiter geht.

Es erinnert aber auch an die Frage von Arbeit und Repräsentation und ein wenig an die Fragen des britischen Parlamentes zu seinem Königreich. Ich hätte mich gerne zu Wort gemeldet. Selbst ohne Gelder des Staates kann man als Königin arbeiten, wenn man nicht repräsentiert.

Repräsentation aber ist verlockend und Pflicht britischer Könige und Königinnen. Elisabeth die Dritte von England möchte Königin von Großbritannien werden, aber Lady Diana Spencer hätte sie es auch gegönnt.

Vorbereitungen für die Rückfahrt

Für eine Übersiedlung müsste geklärt werden, wohin ich ziehe und woher ich das nötige Geld erhalte. Selber würde ich dazu Jahre brauchen. Nach Großbritannien würde mich von Deutschland aus niemand freiwillig vermitteln. Europa wird nicht den gleichen Weg versuchen, den die Vereinigten Staaten gegangen sind. Auch da gab es Kriege. An solchen Kämpfen ist Jugoslawien zerfallen. Ich muss trotzdem zurück, oder ich brauchte ein Plätzchen zum Ausruhen und Teetrinken.

Nach solchen Reisen würde ich mich gerne in einem Schloss verstecken oder in einem Bergdorf.

Ich besuche Northampton. Zuerst kam ein Wohnpark, dann war die Straße nicht gekehrt, und zuletzt habe ich das Zentrum zum Einkaufen gefunden. Northampton ist mit Zittau vergleichbar und hat einen Marktplatz. Ich kaufe in einer Kaufhalle ein und merke den Unterschied. Viele Geschäfte sind in allen Städten gleich. Leere Schaufenster gibt es nicht. Mit dem Essen müsste ich bis Zittau reichen. Aber ich übernachte noch einmal am Stadtrand von London. Ohne Identifikation kann ich in Deutschland nicht das Königskind sein.

Die Burg von Dover

Ich werde am Morgen in den Süden fahren, überlege ich mir. Ob ich in einem ausgewählten Gottesdienst den Rest meiner Familie treffe, ist unsicher. Es würde noch mehr Geld kosten. Bci der Durchfahrt durch die Stadt ist es schon hell. Sicherer ist es für mich nicht, in Großbritannien zu leben. Ich gerate in das Hafenviertel von London. Es gibt wunderschöne Schiffe, und alles sieht prachtvoll aus. Selten habe ich Häfen so gepflegt gesehen.

In irgendeinem der nächsten Kreisverkehre müsste ich wenden und ein Stück zurück fahren. Eine Fahrkarte von London nach Calais wird noch teurer sein.

Die Landschaft erinnert mich an Deutschland oder Frankreich, wo man die Erde schön pflegt. In Dover kann ich für den Rest des britischen Geldes tanken. Es reichen ein paar Pfund für das Essen auf der Überfahrt. Ich überlege aber, dass die Burg doch einen Besuch wert ist. Erbaut von Henry II. im Jahre 1180, grüßte sie auch das Schiff meiner Überfahrt.

Sie erhebt sich gewaltig und majestätisch über den Rest der Stadt. Ich denke an Schutz und Geborgenheit.

Es gibt Eintrittskarten für 6,90 Pfund, also etwa zwanzig Mark. Mein britisches Geld reicht gerade noch dafür. Ich fahre mit dem Auto zum Parkplatz und merke, dass ich schon wieder träume. Beim Vorbeigehen an einem langen Gebäude fällt mir ein: Da könnten meine Ausstellung sein. Ich überlege, wie ich die Steinstufen zum Meer abschleifen könnte. Mich an meinen Arbeitsort im Sommer erinnernd, wechsle ich die Glühbirnen der Beleuchtung im Freien. Vielleicht möchte ich da wohnen? Ob das ginge? Solchen merkwürdigen Gedanken gebe ich besser nicht nach. Es ist zwar ein wenig windig, aber erholsam zum Spazieren gehen. Ich frage mich, was die Soldaten machen, und laufe in ihre Richtung. In einer kleinen Kirche sammeln sie sich mit ihren Familien zum Gottesdienst. Die Kirche wird sehr voll. Nicht alle finden einen Sitzplatz, aber ich bekomme noch einen zugewiesen. Die Textblätter lassen sich leicht lesen, und ich erkenne schnell, worum es geht. Es ist ein militärischer Gottesdienst, der zu den Gedenkgottesdiensten dieses Sonntags gehört. Gebet und Fürbitte schließen alle mit ein. So verabschiede ich mich von einem anderen Land, denke ich. Finde ich noch Unterschiede zu meiner Kirche in Deutschland? Beim Singen der Lieder merke ich, wie bekannt mir das vorkommt. Ob ich doch das Königkind bin? Vielleicht habe ich die Lieder alle schon einmal gesungen?

Onward Christian soldiers marching as to war. With the cross of Jesus going on before.

Von Kroatien kenne ich noch die Begeisterung einiger Kinder beim Kampf. Zu Friedensarbeit befähigt das Leben. Elisabeth die Dritte von England lässt sich nicht aus der Ruhe bringen. Sie spendet eine DM und einen Schweizer Franken. Es ist auch von Gästen die Rede, die für internationale Verständigung arbeiten.

Ich unterhalte mich mit einem der Herren. Welchen Dienstgrad er hat, kann ich nicht erkennen. Ob ich ihn darauf ansprechen darf? Er gibt aber ordentlich Auskunft. Nach dem Gottesdienst besichtige ich die Räume im Innern der Burg. Den Thronsaal könnte ich für den Empfang der Gäste nutzen. Ein wenig weiter finde ich eine kleine Nische für meinen Computer und die Geräte.

Ein größerer Raum eignet sich für die Bücher. Unten im Treppenaufgang wäre die Garderobe. Ob es zum Schlafen zu kalt ist?

Ich muss nach Hause fahren. Eine Woche Großbritannien kann ganz schön anstrengend sein. Interessant waren noch die Waffen, die ausgestellt sind. Ich finde auch eine Garage für mein Auto und vieles mehr. Wenn ich Königin von Großbritannien werden will, könnte ich da wohnen. Aber es müsste dafür sicher ordentliche Verhandlungen geben. Hierbleiben kann ich nicht, auch wenn ich ungern nach Hause fahre. Die Soldaten wären dann meine Truppen. Zu fürchten brauchte ich mich nicht. Reingeregnet hat es in die Burg auch nicht. Es ist Nachmittag geworden, aber es gibt noch viele Besucher.

Die Rückfahrt

Ich fahre zum Hafen. Von der Herfahrt nach Dover habe ich ein Angebotsblatt, dem zufolge die billigste Überfahrt 55 Pfund kostet. Am ersten Schalter will aber die Frau 315 DM. Soviel kostet eine Fahrkarte, wenn nicht vorher gebucht wird und Gepäck im Auto ist. Dann müsste ich erst buchen, denke ich. Auch beim Buchen bekommt man aber die Fahrkarte sofort.

Ganz schlimm ist es nicht, wenn sich die Rückfahrt verschiebt. Es ist trotzdem der billigste Preis.

Der Fahrpreis ändert sich oft. Die Rückfahrt hat im vorigen Jahr 29 Pfund gekostet. Aber ich wusste inzwischen, dass man die Burg bei der Einfahrt in den Hafen sehen müsste.

Dover ist nicht weit von London.

Ich nehme also die Fahrkarte für 55 Pfund. 300 DM hatte ich schon eingeplant für die Rückfahrt. Aber über das Sparen freut man sich doch.

Die Fahrt ist dann einfach. In Brüssel fahre ich mitten in die Stadt. Vorbei an einer wunderschönen Kirche beginnen die Tunnel. Die Stadtdurchfahrt ist die kürzeste Strecke, wenn man sich nicht verfährt. Ich fahre von Tunnel zu Tunnel in der ersten Runde. Aber ich verfehle die Abzweigung. Ich lese Louisen-Tunnel. Ob der nach mir benannt ist? Als ich wieder Roger-Tunnel lese, denke ich: In der nächsten Runde musst du besser aufpassen! Ich meide die Tunnel und finde die Straße nach Deutschland. Das wird ein weiter Weg. Aber da kann ich auch wieder tanken und übernachten. Weiterfahren über Köln, Gießen und Erfurt nach Chemnitz kann ich am letzten Tag der Reise. Nach einer Pause in Chemnitz, bei der Familie, in der ich aufgewachsen bin, erreiche ich Zittau am Abend recht müde.

Als ich ausgeschlafen habe, muss ich wieder deutsch sprechen. Ich erhole mich bei Kaffee und Tee. Und ich plaudere mit meinen Kindern.

Über die Reisen zwischen Deutschland und dem Vereinten Königreich von Großbritannien und Nordirland

Die Reisen zwischen Deutschland und dem Vereinten Königreich sind interessant, abenteuerlich und von Gedanken der eigenen Karriere getragen. Wenn man in der DDR aufwuchs und solchen Regierungsverträgen unterlag, dann ist Königin jedenfalls für mich reales Ziel der Politik und Karrierechance. Alle weiteren Reisen, die dann recht regelmäßig werden und zwischen ein bis drei Mal im Jahr erfolgen zu Gottesdienstbesuchen, zum Mitreden im Parlament der Briten, zu Ausstellungen, zum Englisch verbessern, zu Bewerbungen um Arbeit und zu Events der Familie der Autorin im öffentlichen Bereich, sind private und selber bezahlte Reisen.

Die Reisen, die die Autorin alleine mit ihrem Auto unternimmt, sind sehr beeindruckend. Sie führen unter anderem auch an den Internationalen Gerichtshof in Den Haag, den Europäischen Gerichtshof in Straßburg und das United Nation Center for Human Rights in Genf. Seit 1998 billigt ihr das deutsche Finanzamt freiberufliches Arbeiten zu. In den Gerichten aber kann man bloß in englischer Sprache arbeiten. Deutsch fällt dabei raus. So sind alle Reisen auch gleichzeitig Weiterbildung, Sprachtraining und Lernen und Fragen nach den Tatsachen in der Verständigung zwischen dem Vereinten Königreich und den unterschiedlichen Gruppen der Regierungsarbeit der Deutschen. Seit 1998, dem Wahlkampf mit Liste für Gerechtigkeit und Frieden zum deutschen Bundestag, hat die Autorin Rechte in der deutschen Politik und auch Beziehungen zu anderen Ländern. Sie kann zwar nicht in den Bundestag einziehen, aber einerseits in freiberuflichen, befristeten Anstellungen erfolgreich verdienen und andererseits ihre Arbeit im Dualismus zur deutschen und der britischen Regierung ausbauen.

Der Weg über die Gerichte in Europa ist für die Autorin möglich, weil es keinerlei Vorstrafen, keinerlei Waffenhandel, keine Erpressungen, Steuerhinterziehungen, Banküberfälle, Unterschlagungen oder Ähnliches gibt. Andererseits ist freiberufliches Arbeiten eine gute Chance, um bekannter zu werden und als Vorbereitung der Rückgabe 2004 an die Briten. Dass man das verhindert hat beim im Wahlkampf geforderten Weg über die Gerichte, das macht die deutsche Regierung schuldig. Unter den Kosten und der damit nötigen Steuerverwendung aber leiden viele, auch Kleinunternehmen.

Es ist viel, was ich nicht beeinflussen kann. Ich muss an mich denken, an meine Kinder und vielleicht auch an meine Sicherheit. Das Sicherste für mich sind dabei die Wechsel zwischen Hauptwohnsitz am Arbeitsort und Nebenwohnsitz in Zittau. Selbst Reisen zu Gerichten kosten Geld. In der Gastronomie finde ich oft Arbeitsverträge, aber alle sind auf die Saison begrenzt und gut bezahlt. Es gibt also weitere Reisen.

Der Arbeitsort Bad Herrenalb und die Besuche in der Stadt Basel im Sommer der Jahre 1998, 1999 und 2000

Wann immer man zu arm ist in Deutschland und ganz gesund, dann werden Erwachsene ganz einfach schauen, was sich als Arbeit anbietet. Der Weg zum Arbeitsamt bringt die neusten Stellen hervor, um deren Vergabe reiche Arbeitgeber gerade werben. Die Zeit, in der Friedrich Ebert als Vater in der Familie, bei der ich aufwuchs, damals im Hotel Chemnitzer Hof in Karl-Marx-Stadt gearbeitet hat, prägte mich sehr. Mit der Annahme solcher Stellen in der Gastronomie oder als Kellner wird man reicher. Als Küchenhilfe kann man wenig falsch machen.

Ich ließ mir also so ein Angebotsblatt geben und reiste in den Schwarzwald. Für den Sommer im Jahr 2000 wurde Bad Herrenalb mein Arbeitsort. Man arbeitet in so einem Hotel bloß fünf Tage in der Woche und hat zwei Tage frei. Ich konnte das Geld brauchen für meine offenen Rechnungen, für meine Kinder und alles, was sonst noch so kam. Die kleine Wohnung in Zittau wurde dann Nebenwohnsitz. Bloß das Wichtigste an Kleidung für Arbeit und Repräsentation nahm ich mit. Von der Gegend aus konnte man Städte wie Karlsruhe und Pforzheim erkunden, wunderschön einkaufen gehen und die Feste der Stadt, wie die Museumsnacht in Karlsruhe, besuchen. Immer sparte man dabei und konnte man Urlaub machen.

Vom Schwarzwald aus fuhr ich oft nach Basel. Ich musste mich weiterbilden. In den Bundestag konnte ich bei einer Listenkandidatur mit Liste für Gerechtigkeit und Frieden nicht einziehen, aber ich hatte Politikrechte erworben wie Petitionsrecht, das Anschreiben anderer Regierungen und vieles mehr. Die freien Tage waren also sehr interessant, manches Mal kostspielig und sie änderten die in der DDR begrenzte Sicht von Europa.

Für mich aber brachten sie immer wieder mehr Gewissheit, dass ich mit Ihrer Majestät Königin Elisabeth II. verwand bin und dass das die Fragen sind, an denen ich arbeiten will.

Der Wohnort Schwarzenbruck nahe Nürnberg

Wie an allen Arbeitsorten der Gastronomie nutzte ich in der Freizeit die Bibliotheken der nahegelegenen Städte. Noch näher an Schwarzenbruck liegt die Kleinstadt Feucht. Sie hat ein Raumfahrtmuseum über Herbert Oberth. In der Bibliothek fand ich in einem Buch zur britischen Geschichte ein Bild, auf dem ich wohl zusammen mit Prinz Charles in diese modernen Betrachtungen zur britischen Geschichte schaue. Er war in Großbritannien angekommen, kurze Zeit bevor ich mich verabschieden musste.

Mir wurde klar, dass das mit meiner Herkunft alles wahr ist. Ich musste mir überlegen, wie ich das Neue beim Mauerfall in ein richtiges Bild rücken konnte zwischen Geldverdienen und Repräsentieren oder zwischen Schwatzen und lieber den Mund halten im Wechsel der Gesellschaften unter dem deutschen Jubel der Einheit. Ich musste verarbeiten, was ich dann alles verpasst habe in der DDR, in der Familie und den Geldgeschäften. Immer wurden aus Arbeitsverträgen im Westen Vorbereitungen für solche Reisen. Oder man kann auch sagen, bloß in meiner Freizeit und bei genügend überschüssigem Geld lockte der Gedanke, Königin zu werden.

Der Arbeitsort Füssen im Winter des Jahres 2000

Wann immer so ein Arbeitsvertrag in der Gastronomie endete, bewarb ich mich um einen neuen. Ein solches Angebot bot Füssen im Jahr 2000. Das Hotel liegt am Alatsee, ganz im Süden Bayerns. Der Arbeitgeber war furchtbar großzügig. Er stellte mich an und gab mir zuerst zwei freie Tage. Ich sollte mich informieren und mir die Schlösser König Ludwigs ansehen. Das ließ ich mir nicht zweimal sagen. Selbst wenn aus dieser Arbeitsbewerbung nichts geworden wäre, hätte ich Urlaub gemacht und das mit kostenfreier Übernachtung und kostenfreiem Essen. Das Arbeiten wurde aber recht hart. Ich hatte hintereinander immer mal wieder dreißig Sportler mit Frühstück, Mittagessen und Abendbrot zu versorgen. Aber den Test, dreißig Suppentassen zu tragen, den schaffte ich gut. Als Weihnachtsgeschenk lud der Arbeitgeber alle Angestellten in das Musical „König Ludwig“ ins Theater ein. Ob ich mir je so eine teure Eintrittskarte gekauft hätte? Ich war jedenfalls beeindruckt. Das harte Arbeiten beim Bedienen der Sportgruppen lohnte dadurch wirklich. Beim Eishockey geht es hart zu. Vor den wichtigen Kämpfen zündete ich den Sportlern der anderen Länder Kerzen an als Symbol für einen fairen Kampf. Beim Training muss man dem Trainer zuhören. Ich war nicht mal der Spielregeln kundig. Es wurden harte, aber faire Kämpfe. Die erste Mannschaft, die ich betreute, kam damit gut zurecht. Sie würdigten meine Arbeit mit einer Medaille für die Sportunterstützer. Das also ist die Elite der Sportjugend

Frankreichs. Mit dem Trinkgeld unterstützte ich zuerst mal wie in jedem Arbeitsvertrag meine Tochter. Eine britische Mannschaft war nicht dabei. Aber wenn das die Jugend Europas ist, da passen meine Kinder fabelhaft dazu.

Es erfolgten Ehrungen der freiberuflichen Autorin Regina Rausch, auch Elisabeth III., in den Leistungen für den Sport in Europa durch die „Fédération française des sports de glace“

in einem Arbeitsvertrag am Alatsee in Füssen in Bayern für den Einsatz beim Kellnern und in der Betreuung von Jugendlichen zu den Juniorenweltmeisterschaften. Die französischen Jugendlichen wurden dabei Weltmeister.

Die vielen Kämpfe im Sport gingen weiter. Es gab Mannschaften aus Finnland, Italien Tschechien und Polen zu betreuen. Ich besuchte so ein Spiel in meiner Freizeit. Ehrenzeichen bekam ich auch von Italien und Polen. Aber auch der finnische Trainer oder der Tscheche, die gut deutsch sprechen, schauten nebenbei in meine Veröffentlichungen.

Ich hatte wieder einmal vom Lohn gut gespart. Später arbeitete eine jüngere Kellnerin weiter, und ich ging in den nächsten Arbeitsvertrag über. So konnte ich nebenbei meine nächste Reise in das Vereinte Königreich vorbereiten. Zwischendurch bin ich immer für ein paar Tage in Chemnitz und Zittau gewesen.

Den Franzosen aber versprach ich, dass ich bei meiner nächsten Reise in das Vereinte Königreich mir ihre Sportstätten ansehe.

Eine Reise nach Großbritannien über die Stadt Reims in Frankreich im Jahre 2001

Es wurde Herbst. In mir wuchs nach langer, harter Arbeit als Kellnerin, Küchenhilfe und Mädchen für alles in den Saisonarbeitsverträgen die Lust auf Urlaub. Wie immer fuhr ich von Zittau aus – und in diesem Jahr zuerst über Dresden. Dann kam Chemnitz und dann die Buchmesse in Frankfurt am Main. In Dresden traf ich mich mit meiner Tochter, die dort das studierte, was sie braucht, um mein Kleinunternehmen erben zu können, nämlich Erziehungswissenschaft und Politik. Selbst wenn ich als Elisabeth III. Königin von Großbritannien und Nordirland werden würde , würde sie alles Wissen brauchen, um ihr eigenes Leben zu sichern. Ein wenig davon lernt sie auch mit mir, meine ich.

Mittwoch, 10.10.2001

Heute beginnt die Buchmesse in Frankfurt am Main. Zu der Zeit kann man noch richtige Eintrittskarten erwerben als Fachbesucher oder ganz privat. Ich besuche die beiden Stände, deren Verlage meine Werke veröffentlicht hatten. Danach besuche ich das Gastland Griechenland. In der Gaststätte des Gastlandes kann ich zu Mittag speisen. Die neuen Informationen über Griechenland sind sehr interessant und eine Lesung überzeugend.

Ich fahre abends über Wiesbaden nach Mainz. Während die Bekannte in Wiesbaden ein wenig müde ist, um am nächsten Tag mit auf die Buchmesse zu kommen, kann ich in Mainz bei einer schon in der DDR mit uns befreundeten Familie gut angemeldet übernachten. Wir schauen uns gemeinsam Fotos an, und es wird ein gemütlicher Abend.

Donnerstag, 11.10.2001

Nach kurzer Überlegung fahre ich nach einem guten Frühstück dann doch nicht alleine nochmal zur Buchmesse nach Frankfurt, sondern ich entscheide mich für die Fahrt nach Großbritannien über Reims. Ich bin nicht ganz zufrieden mit der Zahl der Veröffentlichungen, auch wenn da noch genügend in Vorbereitung ist bis zum nächsten Jahr. Aber ich mache mein Versprechen wahr und besuche die Sportstätte für Eishockey in Reims, welche auf meinem Weg nach Großbritannien liegt. Die Fahrt wird sehr ruhig und interessant. Frankreich zu durchfahren ist aber wegen der hohen Straßennutzungsgebühren sehr teuer. Ich erreiche Reims und finde die Sportstätte recht schnell. Ein Treffen gelingt aber so kurzfristig schon nicht mehr, weil schon alle in den Vorbereitungen zu den nächsten Weltmeisterschaften im Eishockey beschäftigt sind. Aber man zeigt mir das Stadion und die Trainingszentren. Es trainieren Kinder im Eiskunstlauf wie im früheren Karl-Marx-Stadt. Das alles sieht gut und hoffnungsvoll aus. Ich hatte mich also für den Besuch angemeldet mit meinem Orden der Franzosen, bloß die Leute, die mir die Spotstätten zeigten, waren andere. Wenn man über deutsche Politik nachdenkt um zu Verdienen, da war das sehr interessant, aber ich hätte auch in Europa gerne wieder mal Englisch geschwätzt, was da im Sport gut geklappt hatte. Abends bummle ich durch Reims. Ich will in einer

Gaststätte essen, wo es bloß Getränke gibt. Da merke ich wieder all die Verständigungsprobleme Europas, und ich hätte eben bloß Russisch gelernt. Aber mit dem Besuch Reims hätte ich mein Versprechen eingelöst, eine französische Stadt zu besuchen. Noch später am Abend, wählend zwischen einer Hotelübernachtung und Weiterfahren, entscheide ich mich für den Weg nach Calais. Es wird dunkel und eine Nachtfahrt.

Freitag, 12.10.2001

Ich erreiche Calais schon am Morgen und kann gegen 11:15 Uhr mit der Fähre übersetzen. Die Überfahrt wird gemütlich, und ich esse mit dem letzten französischem Geld auf der Fähre, weil ich noch einmal tauschen musste und dann welches übrig war. Wir legen an, und mit dem Auto ist es nicht weit bis zur Burg. Ich habe das Gefühl, zu Hause zu sein. Aber in der Burg ist es eher ruhiger als im Vorjahr. Ich buche die Übernachtung in einem Jugendhotel. An zwei Stellenangeboten könnte ich Interesse haben, aber ich bekomme sie nicht. Neugierig, ob Elisabeth II. zu Hause ist, plane ich eine Fahrt nach London.

Samstag, 13.10.2001

Obwohl die Königin in Großbritannien ist, kann ich sie nicht in London treffen. Es ist Wochenende, und sie ist in Windsor. Aber beim Bummeln durch die Stadt macht sich diese Zufriedenheit breit wie gestern. Ich habe es geschafft, wieder zu Hause zu sein. Aber ist das zu Hause? Es gibt Gespräche mit Wachen und Polizei. Ich fahre nach Windsor. Aber hinein darf ich in die Burg nicht. Spät abends muss ich mir ein Hotel suchen. Das wird teuer.

Sonntag, 14.10.2001

Ich spare das Geld für den Eintritt am Sonntag in meine Burg. So sicher, dass sie meine ist, bin ich eigentlich nicht. Aber die Gottesdienste am Sonntag sind schön. Der Pfarrer predigt über die unterschiedlichen Wege im Leben eines Menschen, die Gott mit ihnen geht. Ob er sich vorstellen kann, wie verschieden unsere Wege sind? Ich habe das Gefühl, er kann es. Ich bummle durch die Burg und esse zu Mittag. In der Burg hängt als Führer der Armee die dänische Königin. Das finde ich merkwürdig. Am Nachmittag schaue ich mir das Museum der Stadt an, bummle und esse Schokoladenkuchen.

Montag, 15.10.2001

Gegen neun Uhr öffnet die Dienststelle für die Nummer für soziale Sicherheit in Europa. Ich erhalte diese Nummer wirklich und gehe zu der Dienststelle, die mich eigentlich anstellen wollte. Aber ich habe auch hier kein Glück. In einem anderen Geschäft fülle ich Bewerbungsunterlagen aus. Wenn es mit Arbeiten nichts wird, sollte ich mich lieber um eine Finanzierung bewerben. Ich besuche die königlichen Truppen und erkläre ihnen mein Anliegen. Danach erledige ich das gleiche für die Polizei. Das scheint einleuchtend zu sein. Aber alle schicken mich damit nach London. Für morgen habe ich schon Frühstück und Übernachtung bezahlt. Ich kann mich im Jobcenter bewerben.

Dienstag, 16.10.2001

Mit jedem Tag wird mein Englisch besser. Ich bekomme im Jobcenter ein Angebot für London. Ob das gut geht? Aber auch die königlichen Soldaten und die Polizei waren dafür, dass ich nach London fahren muss. Mit vielen Gesprächen vergeht der Tag. Ich habe mir einen Schirm gekauft. Die Gäste in der Jugendherberge sind international. Ein Herr ist aus Frankreich, eine Dame aus Kalifornien, ein junger Mann aus Australien und so weiter. Abends packe ich und dusche wie immer.

Mittwoch, 17.10.2001

Ich fahre am Morgen nach dem Frühstück nach London. Gebucht und bezahlt für die Übernachtung hatte ich schon in Dover. Es werden drei erholsame, aber teure Nächte mit Frühstück. Als ich gegen Mittag zum Buckingham Palast bummle, marschieren Soldaten mit Musik heraus. Auch andere Gäste verlassen den Palast. Ich erkläre einem Polizisten mein Problem, und er erklärt es den Wachen. Hinein darf ich fürs erste nicht. Beim Besuch des Parlamentes geht es mir nicht besser. Ich werde also lange brauchen, um irgendwas zu klären. In meinem Zimmer wohnt noch eine Lehrerin aus Australien, die hier ihren Dienst startet. Aber auch sie geht zeitig schlafen. Es gab eine Demonstration in der Stadt, über die ich noch lange nachdenke für die Erhaltung des Pfundes.

Donnerstag, 18.10.2001

Für heute stehen die beiden Bewerbungsgespräche auf dem Plan. Eine angebotene Stelle ist aus dem deutschen Arbeitsamt und leider schon besetzt. Die zweite Stelle aus dem Jobcenter in Dover ist schwer zu finden. Ich erreiche sie am Nachmittag nach langem Suchen. Aber es ist bloß der Arbeitsplatz des Chefs. Ich werde die Stelle bekommen. Der Arbeitsplatz ist in einem britischen Industriegebiet. Meine Arbeitsstelle wird näher zur Stadt. Die Stellenbeschreibung klingt gut und ist interessant. Hoffentlich schaffe ich das sprachlich. Drinks mixe ich gerne. Mir wird ein wenig leichter. Selbst wenn ich Königin werden wollte, müsste ich das alles in meinem Land gesehen haben.

Freitag, 19.10.2001

In der Gegend, in der ich arbeiten würde, sind viele Häuser leer. Es ist keine saubere und schöne Gegend, aber sie könnte es doch werden. Ich hatte gestern eine Strafgebühr erhalten und bezahle sie am Nachmittag. In der Gegend um Victoria Street bummle ich gerne. Als ich mich nach Königin Elisabeth II. erkundige, erfahre ich, dass sie schon in Windsor ist. Ich soll an den Privatsekretär schreiben. Abends später, ich hatte noch Pizza gegessen, komme ich im Hotel an. Mein Auto ist ganz schön belastet von den vielen Stadtfahrten, und ich freue mich, wenn ich es abstellen kann. In den Jugendhotels ist das Schwatzen abwechslungsreich und interessant.

Samstag, 20.10.2001

Am Morgen packe ich meine Sachen und frühstücke. Den Weg nach Dover findet man leicht. Aber mein Auto muckt ein wenig. In Dover ist die ganze Stadt auf den Beinen. Es gibt Stände und Verkauf in der Halle der Stadt nahe dem Rathaus. Ich muss mich noch bei der Polizei melden und informiere meine Soldaten. In der Jugendherberge bin ich schon ein wenig müde. Morgen in der Kirche darf ich nichts vergessen. Vielleicht finde ich jemanden, der einen Computer hat.

Als Frau Rausch würde ich den Job wohl lieber nicht nehmen, aber als Königskind muss ich wohl irgendwo anfangen.

Mir fällt der Text des finnischen Autors ein. „Frage nie, was dein Land für dich tut, sondern frage, was du für dein Land tun kannst." Am Abend spielen Jugendliche Gitarre. Ich denke an meinen Sohn.

Sonntag, 21.10.2001

Nachdem mein Auto mit neuem Öl und nach einer richtigen Ruhepause wieder richtig fährt, freue ich mich am Morgen, dass ich mit Frühstück gebucht hatte. Danach ziehe ich mich sonntäglich an und fahre in meine Burg. Die Gottesdienste sind voller Frieden und Ruhe. Sie erinnern an die Zeit in der DDR, wo man mit der kirchlichen Arbeit die Entwicklung der Gesellschaft ergänzte. Aber jemanden gefunden habe ich nicht, bei dem ich am Computer arbeiten kann. Ich glaube, auch der Pfarrer oder Kirchendiener hat das für nicht wichtig erachtet. Ich muss also meinen Brief alleine entwerfen. Die Gottesdienste und Predigten sind für mich schön. Es ist das Gefühl, zu Hause zu sein, das ein wenig wärmt. Aber es muss schon weitergehen mit der Klärung der wichtigen Dinge, die auch meine Kinder interessiert.

Ich bummle durch meine Burg und schaue historischen Spielen zu. Auch Frauen mussten kämpfen. Bei den Spielen zum Gedenken an den Zweiten Weltkrieg stutze ich ein wenig. So darf in Deutschland keiner mehr des Krieges gedenken. Die Uniformen sind abgenutzt, aber noch echt. Ich schaue mir noch die Ausstellung zu Fragen der Armee an. Das mit der dänischen Königin als Chef der Armee finde ich merkwürdig. Ob es überhaupt zu dieser Identifikation kommen wird?

Ich trinke gemütlich Kaffee und fahre nach Dover zurück. Es ist regnerisch. Ich kann mich ein wenig trocknen vom Regen und bummle noch einmal durch die Stadt. Da sind auch Gottesdienste, und ich gehe zu einem mit Heilsarmee. In der Jungendherberge zeige ich am Abend die Fotos meiner Reisen. In meiner neuen Kirchgemeinde war es sehr schön.

Es fällt mir dann schwer, nach London zu gehen. Aber ich will auch weiterkommen.

Montag, 22.10.2001

Ganz planmäßig starte ich am Morgen später. Ich räume mein Auto ein, frühstücke und gehe tatsächlich zur Bibliothek. In einem Film kann ich mir Zeitschriften von 1952 ansehen. Merkwürdig, ich glaube am Leben der Stadt konnte ich mich nicht beteiligen. Aber sicher ist, nach dem Tod König George VI. wurden Geburtstage gefeiert, etwa von Prinz Philip, mit Salutschüssen. Dann ist sicher, dass die königliche Familie oder ein Teil davon in der Burg wohnte und lebte. Also auch ich!

So schlecht waren meine Lehrer nicht, wenn ich an die Lieder denke, die wir lernen mussten und mit den Veröffentlichungen in der Presse vergleiche. The union is behind us, we shall not be moved.

Selbst wenn Ihre Majestät Königin Elisabeth II. Briten zurückruft in ihr Land, welche im Ausland erfolgreich waren, würde ich dem Ruf folgen, so oft ich kann.

Also kann ich auch morgen mit der Arbeit beginnen, wenn alles klappt. Auf dem Weg nach London besuche ich Canterbury. Das ist eine schöne und interessante Stadt. Aber ich bin auch zeitig genug in London, um Briefe zu schreiben und ein wenig an meine Kinder zu denken.

Dienstag, 23.10.2001

Ich frühstücke im Jugendhotel. Es ist gut vermietet. Danach fahre ich die Firma an, in der ich arbeiten soll. Der Herr hat es sich als Arbeitgeber anders überlegt und will einen anderen Raum für die Filmvorstellungen anmieten. Ich muss also warten und soll mir ein Zimmer suchen. Das mit dem Zimmer wird noch schwerer. Ich finde keines. Obwohl viele verstehen, dass sich die Regierung um solche Probleme kümmern müsste, soll ich zuerst den Privatsekretär anschreiben. Lange kann ich nicht in London bleiben, und an eine Adresse im Jugendhotel antwortet der Sekretär bestimmt auch nicht. Ich soll den Chef in der nächsten Woche anrufen. Das, glaube ich, wird schon nicht mehr. Warum ist er bloß mit der Gegend nicht mehr zufrieden? Viel mehr kann ich mit dem Angebot also nicht anfangen. Ich werde versuchen, morgen nach Dover zurückzufahren. Ich bummle durch London. Das könnte jedem britischen Soldaten passieren, dass er in ein anderes Land geschickt wird und sich niemand mehr daran erinnert, wenn er lange für seine Aufgabe braucht. Das darf nicht sein! Ich tausche Geld um und denke, ich kann noch einige Tage bleiben.

Mittwoch, 24.10.2001

Ich kann wählen zwischen Wohnungssuche und Rückfahrt. Ich wähle Rückfahrt nach Dover. Wenn ich den Job zwar bekomme, aber weit weg wohne, brauche ich alles Geld für Benzin und Auto. Wenn sich der Arbeitsort ändert, dann weiß ich nicht, wo ich mieten soll. Bis zur nächsten Woche kann ich nicht in London bleiben. Ich melde mich zurück beim Arbeitsamt und bekomme drei weitere Stellenangebote. Um zwei davon bemühe ich mich zuerst. Schön sind beide. Ob es klappt? Ich besuche noch die Königlich Britischen Truppen. Eigentlich müssten sie einen Soldaten aufnehmen, der zurückkommen will.

Ich muss arbeiten, bis ich die gesamte Wahrheit kenne und das vor dem Jahr 2004.

Donnerstag, 25.10.2001

Den Tag verbringe ich mit Bewerbung um Arbeit, einem Gespräch bei der königlichen Armee, dem Abschicken des Briefes an den Privatsekretär der Königin. Nach halb zehn lese ich in der Bibliothek die Zeitungen von Dover aus dem Jahr 1953. Es ist nicht viel, was das Volk erfahren durfte. Informationen über die königliche Armee finde ich kaum. Aber das britische Volk hatte wohl damals weniger materielle Probleme als Deutschland. Die Frauen in den Werbeanzeigen der Zeitung sehen aus wie meine Mutter in Chemnitz 1959. Mit Arbeit klappt es nirgendwo sofort. Das alles zieht sich lange hin. Ich bereite meine Lehrerbewerbung vor. Vorher sollte ich die Identifikation klären.

Ich habe mir einen Drink gekauft. Eigentlich bin ich hungrig, aber Äpfel müssen reichen.

Freitag, 26.10.2001

Ich bemühe mich um eine Arbeit als Lehrerin und versuche, solche Stellen zu finden, bei denen ich schnell anfangen kann. Die Schule ist sehr schön. Eine Stelle ist nicht frei. Ich bekomme eine Adresse, bei der ich mich bewerben kann. Mit solchen Bemühungen vergeht der Vormittag. Ich esse gemütlich in einem kleinen Lokal. Ich bin innerlich sehr ruhig. Ich muss auf Post warten. Die königliche Armee ist nicht kontaktbereit an diesem Tag. Dann arbeite ich an meiner Post weiter. Ich schicke die Lehrerbewerbung ab. Ob etwas daraus wird? Das ist so merkwürdig wie in Deutschland am Anfang. Vorwärtskommen will jeder, ob das geht? Es entstehen am Abend Fotos von der Küste in Dover.

Sonnabend, 27.10.2001

Möglicherweise bekennen sich Deutschland und Großbritannien offen zum Kinderhandel und natürlich nur hinter vorgehaltener Hand. Ein wenig familienfeindlich sind beide Länder. Egal, erreichen konnte ich nichts. Mehr als noch einmal verlängern kann ich meinen Aufenthalt nicht. Ich kann mich am Montag melden wegen der Arbeit in Dover. Aber auch da wird man, glaube ich, auch nur hingehalten. Das ist auch das, was die Städte verfallen lässt. Ich frühstücke zeitig und kann in dem Jugendhotel schreiben. Mal sehen, was danach entsteht. Ich muss die Polizei anfragen, ob Prinzessin Anne Elisabeth Alice Louise überhaupt Papiere braucht. Welches Schloss hat ihr gehört? In Dover hat sie gelebt von 1952 bis vielleicht 1954 oder 1955 ? Ich bin ganz sicher und ruhig. Eigentlich habe ich alles versucht, um zu verhindern, dass die billigen Vertretungen das Land abwirtschaften. Aber das geht nicht, wenn ich da nicht weiterleben kann. Auch hier gibt es merkwürdige Gestalten in der Politik und natürlich in den Ämtern. Veröffentlichungen kann ich nicht finanzieren. Ich wäre nicht mal sicher, ob man das Fotomaterial einzieht.

Ich schreibe ein wenig und freue mich auf die nächsten Tage. Außer abwarten, mich erholen, spazieren gehen und meine Burg besuchen wird nichts. Ich hole mir noch einmal Kaffee. Vielleicht gibt es Leute in Deutschland und Großbritannien, die an diesem Kinderhandel verdient haben und jetzt gewaltsam die Wahrheit vertuschen wollten? Da bin ich sicher. Anne und Charles, andere wie Kohl und Herzog auch. Vertuschen kann man das nicht. Ich will doch Königin von Großbritannien und Nordirland werden. Da muss mein Vater wissen, dass er sich geirrt hat. Neue Pläne aber fallen mir nicht ein. Ich muss meine Gemeinde in der Kirche der Burg von Dover in die Spur schicken. Gegen zehn Uhr morgens werde ich meine Tochter anrufen.

Ich schaue auf den Autohandel gegenüber der Jugendherberge. So komme ich nicht zu einem neuen Auto. Ich schaue auf mein Leben zurück. Es gibt nichts, was ich hätte anders machen können. Auch wenn die britische Entwicklung eine andere gewesen wäre, hätte ich mich nicht eher melden können. So war es wohl auch der Wunsch meiner Mutter in Chemnitz.

Ich bummle am Nachmittag zum Hafen, fotografiere und kaufe ein wenig ein. Eine Bootsfahrt in die Klippen ist nicht möglich. Aber wenigstens bin ich einige Tage an der frischen Luft. Viele Schiffe, auch Kriegsschiffe, laufen in den Hafen ein, legen an oder fahren weiter. Die Fotos sind ohne mich, aber hoffentlich schön. Viele Leute sagen hier Danke. Aber eigentlich habe ich genug gebummelt. Ich müsste erzählen, erzählen und zuhören. Ich kaufe Weihnachtskarten, zwei Kerzen und Kartengrüße in der Malerei, die es hier öfter gibt. In den Geschäften sieht alles schon vorweihnachtlich aus und sehr schön. Inzwischen putzen alle, und es gibt viele Gäste, neue Geschäfte, und langsam merken alle, dass es friedlicher wird. Am Abend schaue ich noch ein wenig Fernsehen. Ich freue mich auf die Gemeinde am Sonntag. Gedichte und Erinnerungen schreibe ich später auf. Ein Gedicht müsste von Weihnachten sein und eines von der Möwe Emma. Vielleicht schreibt der Privatsekretär, vielleicht nicht. Am Montag muss ich zuerst räumen. Das mit der Arbeit wäre mir lieber. Aber sicher klappt keines von beiden. Ich bereite mich auf den Gottesdienst morgen vor.

Sonntag, 28.10.2001

Ich frühstücke wie immer in der Jugendherberge. Eigentlich ist das Frühstück ausreichend. Aber sehr lange kann ich nicht bleiben. Ich fahre zur Burg und spaziere durch die Gänge, in denen die Wachen wandelten. Später besuche ich den Gottesdienst. Die Gottesdienste sind für mein Verständnis sehr schön. Alle älteren Bürger und alle älteren in der Gemeinde geben zu, dass es wahr sein kann, dass ich dieses Kind bin. Und ich weiß, es ist wahr. Der Start in Großbritannien ist schwer. Ich bummle durch die Burg, esse zu Mittag und fahre zurück. Es kommen immer mehr Gäste in die Burg. Mal sehen, ob ich heute zu den weißen Klippen fahren kann. Königskinder dürfen nun mal nicht arbeiten. Es ist ein schöner Tag. Aber wachsen kann ich mit meiner Burg nicht. Ich müsste die Einnahmen bekommen und einteilen, damit ich alles lerne. Ich besuche noch den Abendgottesdienst in der Gemeinde der methodistischen Kirche. Er wird noch schöner, aber wir singen nur bekannte Lieder. Starten in ein Leben als Flüchtling möchte ich nicht. Ich würde dann den Weg zurück ins Arbeitsleben wählen. Aber erst bleiben noch Termine für die Arbeitsbewerbung in Großbritannien. Ganz sicher habe ich die Erinnerung an meine Kindheit gebraucht. Ich weiß, dass es wahr ist – immer und immer wieder. Ich weiß, wo meine Friedensarbeit herkommt und wie ich mit ihr umgehen muss. Ich denke an Zittau, an Kroatien und an meine Arbeit für die Mannschaft Frankreichs.

Ich bin doch ein wenig müde.

Montag, 29.10.2001

Am Morgen soll ich die Jugendherberge wechseln. Das hatte ich auch gedacht. Ob ich Post erhalte, das weiß ich nicht. Sicher ist, dass ich Papiere brauchen würde. Da fahre ich zuerst wieder nach London.

Ich beantrage einen britischen Pass. Obwohl mein Auto gut startet, hatte es doch Probleme. Ich fülle Öl nach, tanke und pumpe Luft auf. Ich bin merklich traurig. Eigentlich möchte ich meinen Eltern doch bloß sagen, dass ich noch lebe. Abends zweifle ich ein wenig, ob es nicht doch besser gewesen wäre, nach Deutschland zurückzugehen. Ich übernachte in London City YH. Im Buckingham Palace hatte ich so eine Nachricht hinterlegt.

Dienstag, 30.10.2001

Ich frühstücke und überlege, ob ich die Passangelegenheiten nicht doch zuerst klären sollte. Ich habe so ein flaues Gefühl im Magen, dass mich unschlüssig werden lässt.

Hoffentlich hält mein Auto. Ich fahre also in dieses Chelmsford.

Wenn ich mir die Gegend aus der Sicht der zukünftigen Königin ansehe, ist das sehr schön. Aber eigentlich brauche ich Arbeit. Das Vermittlungszentrum ist eine

Einrichtung, die Informationen speichert. Ich glaube kaum, dass ich da vermittelt werde. Den Job in London konnte ich auch nicht halten, und ohne Wohnung bekomme ich ihn nicht. Nach den Gesprächen in Chelmsford fahre ich in den Norden.

Das wird eben mein diesjähriger Besuch von Schottland. Ich könnte mit der Fähre nach Belfast übersetzen. Mein Auto wird ein wenig müde. Bloß zwischendurch schlafe ich ein wenig. Ich mag dieses Leben so nicht recht.

Mittwoch, 31.10.2001

In einer Raststätte kann ich zeitig frühstücken. An den Stellen, durch die ich heute fahre, ist die Gegend sehr schön. Und immer wieder überlege ich mir, dass ich eigentlich meine Familie besuchen möchte. Gegen Mittag erreiche ich den Hafen von Stranraer. Das ist ein kleiner Ort im Westen Schottlands. Morgen kann ich nach Belfast übersetzen. Ich werde mir den Ort ansehen und eine Übernachtung suchen. Es bleibt dafür genügend Zeit.

Donnerstag, 01.11.2001

Ich setze über nach Belfast. Die Fahrt, die Fähre, das Erreichen des Hafens in Belfast – das alles ist sehr beeindruckend. Aber schon bei der Fahrt schauen alle auf mich. Ich bummle durch die Geschäfte und kaufe mir ein irisches Umschlagtuch. Auch auf der Fähre kann ich dem Einkaufen nicht widerstehen. Ich bin ausgeruht, munter, und die Übernachtung war fabelhaft. Beim Besuch einer Kirche der Methodisten, der Universität, einer Buchhandlung und einiger Geschäfte und Gaststätten stelle ich fest, es werden auch hier immer mehr Leute. Ich bin sehr glücklich. Von diesen ganzen Kämpfen im Nordirlandkonflikt ist selten was zu merken oder gar zu sehen. Auf der Rückfahrt bin ich sehr glücklich. Der Norden Schottlands und Irlands passen eigentlich viel besser zu mir als die verschmutzten Vororte von London, die erst wieder verschwinden müssen.

Eigentlich mache ich mir Sorgen wegen meines Autos. Aber ich fahre noch weit in den Süden. In manchen Pausen schlafe ich ein wenig ein. Meist aber dürfen sie auf den Parkplätzen nicht länger als zwei Stunden dauern.

Freitag, 02.11.2001

Etwa um zehn Uhr am Morgen erreiche ich Stratford-upon-Avon. Das ist ein schwer zu bewältigendes Schmuckstück Großbritanniens. In einer Buchhandlung schaue ich mir ein britisches Kinderbuch an. Ich muss aufpassen, dass ich nicht weine. Es gehörte mir. Mir ist viel verloren gegangen in meiner Kindheit, aber das Erinnern an die ersten Jahre macht alles wahr im Erleben der eigenen Vergangenheit. So aber kenne ich Großbritannien, so Windsor und so London.

Ich besuche das Geburtshaus von Shakespeare, das Museum, die Gärten. Es ist alles fabelhaft erhalten und belebt.

Erst am Nachmittag fahre ich weiter nach London. Aber Königin Elisabeth II. ist bereits nach Windsor gefahren. Ich bummle noch ein wenig durch die Stadt.

Spät abends fahre ich nach Dover oder besser aus der Stadt heraus. Da ich müde bin und bloß mein Auto strapaziere, überlege ich mir, dass ich wieder Pause mache. Aber es wird merklich kalt.

Sonnabend, 03.11.2001

Am Morgen erreiche ich Dover, frühstücke und buche mein Jugendhotel. Alles klappt gut. Ich mache Fotos, bummle, spreche noch einmal mit so manchen Leuten und hoffe, einen Pass zu bekommen.

Ich sitze am Meer...

Ich fülle Formulare aus für diesen Pass. Dann bereite ich mich ein wenig auf den Gottesdienst vor. In dem Jugendhotel kann ich fabelhaft arbeiten. Aber niemand hilft mir beim Ausfüllen der Formulare.

Sonntag, 04.11.2001

Am Morgen besuche ich wie immer den Gottesdienst. Schon beim Frühstück lerne ich einen Mann kennen, der Belgier ist und in Brüssel wohnt. Wir schwatzen über die Länder auf Deutsch. Der Gottesdienst wird recht gut. Eine Frau liest in sauberem Englisch. Ich überlege mir, ob mir nicht der Pfarrer die Schuld vergeben sollte? Besser ich belaste ihn damit nicht. Aber in der Gemeinde sagt man mir, dass ich noch jemanden brauche, der das Passformular beglaubigt. Das aber wollte niemand machen, nicht einmal der ältere Herr in der Gemeinde, der mich vielleicht erzogen hat. Nach dem Gottesdienst schwatze ich noch in der Gemeinde und trinke Kaffee. Lange wollte ich nicht in der Burg bleiben. Ich fahre noch ans Meer. Dort gibt es eine Gaststätte zum Essen und draußen sitzen, die sehr schön ist. Aber ich brauche ein wenig Ruhe. An einem Stand bekomme ich eine Bibel und das Neue Testament für meine Kinder in Englisch. Im Abendgottesdienst habe ich das Gefühl, der Pfarrer vergibt mir meine Schuld wirklich. Ich bin ruhig und bleibe noch einen Tag in Dover.

Montag, 05.11.2001

Ich schreibe, räume mein Zimmer auf und bin recht ruhig. Da bleibt das Gefühl, besser konnte ich nicht leben. Aber war es nicht gut genug? Heute bemühe ich mich noch einmal um Arbeit und eine Unterschrift unter das Passformular. Meine Mutter in Chemnitz hätte heute Geburtstag. Aber ich werde ihr später gedenken. Ich bin gestern Afghanen begegnet. Sie waren Besucher Großbritanniens. Aber besucht man ein Land, gegen das man einen „heiligen Krieg“ führt? Oder ist das die neue Methode der Kriegsführung? Es gibt möglicherweise noch mehr britische Städte, die ich besuchen könnte. Gegen sieben schaue ich noch einmal Nachrichten. Aber fürs erste muss die Frage der Finanzierung gestellt werden.

Wenn ich sparsam bleibe, reicht es bis Sonntag. Ob ich zwei oder drei Kreuze in die Erde stecken sollte? Eines für meine Mutter in Deutschland, eines für meinen Bruder Prinz Charles Philip Arthur, George? Eines für meinen Vater in Deutschland? War das so mit den Kreuzen? Morgen fahre ich mit dem Zug nach London. Ich muss mein Auto schonen. Die Fotos, die Anträge für den Pass und die Passbilder nehme ich mit. Die Fahrkarten habe ich gekauft. Es ist das erste Mal, dass ich mit dem Zug fahre auf meinen Reisen durch Großbritannien. Die guten Gedanken für die Kalendergeschichten entstehen, wenn ich die Reisen auswerte. Welches Gedicht aber ist für Weihnachten?

Dienstag, 06.11.2001

Ich fahre nach London, um die Passangelegenheiten zu klären. Aber ich erreiche nichts. Nach Fußmärschen zwischen Victoria Station, Buckingham Palace, Parlament und Passport Office höre ich mir noch ein wenig die Parlamentsdiskussion an. Als einer der Herren über Bildungsmisere redet, wird es mir doch zu viel. Hätte er mich angestellt! Von Victoria Station mit dem Zug zu starten, fällt sogar mir schwer. Aber wenigstens kann ich mich durchfragen.

Mittwoch, 07.11.2001

Zurück in Dover fühle ich mich furchtbar müde. Was vor und was hinter mir liegt, das mag ich nicht. Hoffentlich ändert sich das schnell. Wenigsten konnte ich mich ein wenig festhalten bei dem Herrn im Palais Thermal. Und jetzt?

Es sieht eher nach britischer Regierungskrise aus. Aber im Buckingham Palace herrschen wohl die Tochter des Königs von Schweden und ein merkwürdiges Volk. Ich werde über Den Haag zurückfahren. Neben der dänischen Okkupation der Armee, die ich heute noch mal kontaktieren werde, ist mir das Leben der Königshäuser eher fremd bestimmt. Was denkt sich eigentlich der König von Schweden? Vorherrschaft seiner deutschen Ehefrau? Oder ihrer eher schlecht erzogenen Kinder? Warum arbeiten sie nicht offen? Verbrechen gegen Länderrecht? Ich besuche am Morgen und bis in den Nachmittag hinein Folkestone. Mir gefallen britische Städte, wenn sie aussehen wie Stranraer, Canterbury oder Stratford-upon-Avon. Aber aus den Städten an der Küste sind wohl nach den beiden Weltkriegen viele weggezogen. Man fürchtet sich vor neuen Kriegen. Jedenfalls hat sich Dover ein wenig erholt. Mir wird es langweilig. Ich möchte Erfolge sehen, Geld usw. Ich denke dabei an Diana Spencer. Sie war wohl sehr dankbar dafür, dass sie der Araber aufgenommen hatte in Paris. Erst nach ihrem Tod war sie plötzlich reich. Sie hat den Intrigen nicht standgehalten. Den Weg über den Internationalen Gerichtshof wollte ich zwar vermeiden, aber wie sollte ich Königin werden? Auch nach dem Tod meiner Eltern müsste ich weiterleben. Ich jedenfalls fordere die Finanzierung der Kinder der Könige über die Regierungen der Länder und begrenze ihren Wirkungsbereich auf die Länder, die sie regieren wegen der Kriegsgefahren. Ich bin auch gegen diese Nordallianz gegen die Europäische Gemeinschaft. Warum leben die Kinder des Königs von Schweden nicht in Deutschland, wenn sie in Schweden keine Arbeit finden? Oder ginge es ihnen dann so schlecht wie mir?

Von Stockholm war meine Tochter nicht sonderlich beeindruckt. Und immer und immer wieder spürt man den Kampf der Länder, die keine Königinnen oder Könige haben, gegen die anderen Regierungsformen. Und sollte dieses ausschließliche Repräsentieren nicht erreichen, dass meine Eltern weder mich noch meinen Bruder einfach wie früher reinlassen konnten in ihre Schlösser? Also, ich brauche meine Armee und meine Paläste, wenn ich königlich regieren will. Irgendwie muss ich sie doch von den Vertretungen räumen lassen. Ich werde nicht Königin ohne Repräsentation oder Königin für das Recht fehlender Eindeutigkeit.

Ich plane die Rückfahrt. Wenn ich nach Windsor fahren würde, hat bestimmt eines der falschen Königskinder einen Termin für die Queen. Sicher ist sie dann gerade essen oder unterwegs. Nach vier Jahren Bemühungen um Pässe unter meinem Geburtsnamen, Arbeit im britischen Parlament und Leben nahe meiner Familie, merke ich, dass ich das alles alleine schaffen muss. Welche Mutter handelt so? Was kann man sich leisten, was nicht? Manche Entscheidungen sind Größenwahn. Das sind solche in Deutschland und solche in Großbritannien. Sie haben nichts zu tun mit der Stärke eines Volkes. Geld verwalten will jeder. Aber jeder kann nur sein Geld verwalten.

Ich fahre noch einmal zur Küste. Es ist nicht ganz Urlaub geworden, aber ein wenig schon. Lieber wäre mir natürlich, ich würde nicht zurückfahren, sondern meine Kinder kämen nach Großbritannien. Und der Deutsche Bundestag unterstützt natürlich nicht mich. Da gibt es noch mehr Lügen, die aufgedeckt würden. Und natürlich will die deutsche Regierung Königreiche abschaffen, indem sie gegeneinander aufwiegelt.

Donnerstag, 08.11.2001

Eigentlich habe ich genug gesehen für dieses Jahr in Großbritannien, und ich überlege, ob ich eher zurückfahren sollte. Aber einige Tage Urlaub bleiben mir doch. Ich finde, ich sollte noch einmal nach London fahren. Ich frühstücke zuerst, dann bummle ich zum Bahnhof. Es reicht auch ein Zug, der eine Stunde später fährt. Es muss für mich erholsam und schön gewesen sein, wenn ich zurückkommen soll. Die Fahrt wird gemütlich. Zuerst höre ich einem Briten zu, der mein Englisch spricht. Dann setzt sich eine türkische Familie zu mir. Die Frau ist türkisch, der Mann arabisch. Wir schwatzen ein wenig. Dann besuche ich in London eine Kirche nahe Victoria Street und bummle zum Parlament. In St. Margarete wird ein Gottesdienst abgehalten für die ehemaligen Truppen und ihre Angehörigen. Ich schmuggle mich hinein und warte. Den Gottesdienst besuchen auch der Herzog von Edinburgh und die Königin Mutter. Der Herzog sieht mich deutlich, und ich halte dem Stand. Er ist nun mal mein Vater, und ich will Königin werden.

Aber die vielen Dienststellen haben recht. Ohne diesen Internationalen Gerichtshof geht das nicht. Ich habe also meine Familie lebend wiedergesehen. Das macht mich froh. Da hat sich eigentlich alles Sparen gelohnt.

Freitag, 09.11.2001

In der Gaststätte, in der ich schreibe, ist es gemütlich. Draußen wird es kalt. Am Sonntag entscheide ich mich für Hut. Am Montag könnte der Besuch des Internationalen Gerichtshofes in Den Haag stehen. Ich kann nachts fahren. Dafür, dass ich das alles darf, ohne Schaden zu nehmen, bin ich dankbar. Ich fordere Abzug der Dänenkönigin aus Großbritannien und Abzug der Kinder des Königs von Schweden. Die Struktur der Armee hat die Rückkehr meines Bruders verhindert. Aber wusste man das bei den Aufgaben zur Repräsentation? Ich würde nicht sterben, wenn ich gegen die Kinder der deutschen Vertretung zur Silvia kämpfen müsste und gegen das Abschaffen der Könige und für meine Paläste. Aber vielleicht zwinge ich sie auch so zur Aufgabe?

Ich bin gegen eine deutsche Vorherrschaft in Europa. Alle Länder haben ihre Vorzüge, und es geht bloß ein Miteinander. Ich bin für ein freies Großbritannien, weil es eine andere Geschichte hat. Aber muss ich nicht neutral sein in der Politik? Hätte ich dann solange meinen Dienst überlebt? Und wer außer mir sollte kämpfen? Und waren wir beide, mein Bruder und ich, nicht dem König von Schweden zu arm fürs Ansiedeln in den Palästen? Und wie halten meine Kinder bürgerliches Leben durch, wenn ich in einem der Paläste verschwinde? Die Kinder des Königs von Schweden hatten den Reichtum zuerst. Hätte er mich geschützt? Manchmal sind Regierungen friedlich, manchmal Könige. Leben ohne Leid gibt es nicht. Kampf aber gehört zum Alltag. Würde Deutschland mir Lohn zahlen als Kind einer Königin? Wer meinen Computer genutzt hat, der muss dafür zahlen, wenn er unter meinem Namen lizensiert ist. Selbst aber, wenn es bilaterale

Verträge gibt zum Handel mit Kindern, da müsste das geklärt werden können. Politik ist ein schweres Geschäft für jeden, aber sie darf die Rechte der Menschen nicht verletzen.

Afghanen, die die Aufforderung, christliche Kirche zu besuchen, nicht annehmen können, werden in Europa Kriegsgefangene. Es gibt diese enge Verbindung zwischen Europa und Amerika nun einmal. Die Afghanen, die ich eingeladen hatte, waren Urlauber im Vereinten Königreich. Soll man dann hungernde Kinder in diesem Land unterstützen? Das müssen die Reichen der Länder schon selber. Das hat doch in Amerika auch geklappt.

Es ist wahr, dass der Islam die christliche Kultur bedroht. In der Türkei jedenfalls müssen sich christliche Kirchen unterordnen, obwohl es da friedlich war.

Ich fahre in die Jugendherberge zurück. Es hat aufgehört zu regnen. Ich beschäftige mich mit der „Order of business of the House of Commons". Bis Juli 2002 ist da alles recht gut geplant.

Ich hoffe, dass das Vereinte Königreich gut regierbar bleibt.

Der Bummel am Meer entlang ist erholsam. Ich werfe Steine ins Wasser. Den Weg von der Burg in die Klippen habe ich nicht gefunden. Aber ich komme zurück. Nicht die Regierungen der Länder können sich verbünden gegen die Völker, sondern nur das Europaparlament darf „miteinander leben". Auch Blair-Schröder scheint Verbrechen gegen mich nicht auszuschließen. Das Enteignen von Privatpersonen jedenfalls kommt aus dem Osten und führt dazu, dass keiner

Häuser will. Und es führt natürlich dazu, dass der, der Häuser will, aber nicht ausreichend Geld hat, so dargestellt werden kann, als wolle er eben kein Haus. Das aber sind die Grundlagen für neue Verbrechen. Außer, wenn man mich umbringt, könnte ich nicht Königin von Großbritannien werden? Und für alles andere Gerede muss man bezahlen.

Bild der Autorin zum Gedenken an die Toten der königlich britischen Armee

Der Palast von Westminster - Sitz der britischen Regierung im Zentrum der Stadt London

Jedes Jahr im Herbst gedenken die Briten und ihre Freunde der Toten ihrer königlich britischen Armee

Sonnabend, 10.11.2001

Nach einem gemütlichen Frühstück besuche ich die Orte Lydden und St. Margarets. Während ich in Lydden eigentlich auf Einladung den Gottesdienst besuchen sollte, aber schon einen anderen zugesagt hatte, schaue ich mir wenigstens den Ort an. Die Kirche ist sehr alt. Ob den Friedhof noch jemand nutzt? Es gibt noch einen Gasthof. Das erinnert an die Orte, an denen wir uns bei unseren Wanderungen durch die Berge Rumäniens getroffen hatten. Aber es gibt viele gesunde Schafe. Später sitze ich noch einmal an einem ruhigen Plätzchen in Dover in der Sonne. Ich muss mehr Englisch reden und weniger zuhören. In den weißen Klippen in St. Margarets gefällt es mir weniger. Man stört das natürliche Leben, wenn man mit dem Auto bis an das Wasser fährt.

Ich parke weit oben, besuche einen Garden und bin irgendwann an der Küste. Alles ist gut gepflegt. Ich esse gemütlich und trinke noch einen Espresso. Im letzten Jahr habe ich gut verdient. Es reicht gerne bis morgen. Verglichen mit Großbritannien ist Deutschland preiswert

Ich denke weiter an Montag. Hoffentlich hält mein Auto.

Heute zieht in der Jugendherberge noch eine Ungarin ein. Sie spricht ein wenig Englisch. Aber es ist gut, dass sie Urlauberin ist. Sie bezeichnet sich als Ökonomie-Managerin. Ich würde sie als Küchenhilfe arbeiten lassen. Aber solche Stellen sind in Großbritannien seltener als in Deutschland. Heute ist auch noch eine Kindergruppe in der Jugendherberge zu Gast. Im Aufenthaltsraum ist es wärmer. Schreiben lohnt nicht. Ich dusche und trockne meine Haare. Ich sollte noch einmal Kaffee trinken. Eigentlich freue ich mich auf diesen älteren Herrn in der Kirche. Er muss sich doch an mich erinnern.

Sonntag, 11.11.2001

Ich packe mein Auto, frühstücke und fahre zu meiner Burg. Es gibt einen Gottesdienst und danach ein Kirchenkaffee. Ich bringe alle meine Fragen bei würdigen Mitbürgern unter. Aber einer der interessanten Herrn meint, darüber könne ich nicht mit ihm reden. Ich müsse nach Den Haag fahren an den Internationalen Gerichtshof. Das habe ich auch vor.

Ich buche die Überfahrt und fahre von Calais in Richtung Den Haag. So vergeht der Rest des Tages.

Montag, 12.11.2001

Ich bin in Den Haag. Zuerst suche ich das Gericht, dann eine Gaststätte zum Frühstücken. Aber es wird alles anders, als ich mir das vorgestellt habe. Ich werde empfangen und bekomme lauter Informationsmaterial in Englisch. Es gibt zwei weniger brutale Gerichte in Europa, deren Anschriften, Satzungen und Arbeitsweisen ich mir ansehen muss. Das eine ist in Straßburg, das andere in Genf. Das meine Sorgen nach Den Haag passen, glaubt man so recht nicht. Dann reicht man mich weiter an würdige Frauen, die mich durch das ganze Gericht begleiten und viel über dessen Arbeit früher und heute erzählen. Es gab diese enge Verknüpfung zum russischen Zaren da wirklich. Er hat dem Gericht eine solche Vase geschenkt, wie wir sie in Windsor haben als

Symbol für seinen Reichtum. Eine der Frauen schaut mich merkwürdig an. Ich merke, wie nahe ich meiner Familie war auf dieser Herbstreise.

Später gibt es Bildmaterial von den modernen Verhandlungsräumen, etwa zum Kroatienkrieg. Damit vergeht viel Zeit. Ich bin beeindruckt, aber ich merke, wie blöd ich eigentlich bin. Ich muss das alles erst mal lesen und übersetzen.

Für die beiden anderen Gerichte reicht mein Geld für Reisekosten nicht mehr.

Das muss ich auf das nächste Jahr verschieben. Spät am Nachmittag starte ich die Rückfahrt in meine kleine Wohnung im Osten Deutschlands.

Dienstag, 13.11.2001

Langsam komme ich im ostdeutschen Zittau an. Es gab das Gedenken an das Leben des Ehepaares Ebert in Chemnitz. Was für eine lange Reise liegt hinter mir? Welche Abenteuer erwarten mich? Und wie komme ich zurück in einen Alltag zum Geldverdienen? Eine Anstellung bekam ich nicht. Ich kann bloß mein Kleinunternehmen ausbauen. Und so wird das dann auch für die nächste Zeit.

Bild der Überfahrt zwischen Dover und Calais

Pause an den Raststätten entlang der Autobahnen Europas

Eine Arbeitsvereinbarungen in Zittau 2003 und die Vorbereitung der Rückgabe

Im Jahr 2003 arbeitete ich für ein halbes Jahr in einer Freizeiteinrichtung im Wohngebiet der Offiziere der früheren Nationalen Volksarmee der DDR. Ich stellte mich vor und machte mich für die ersten Reisen nach Großbritannien und die Forschungen zu meiner Herkunft im Westen Deutschlands bekannt. Ich bin sicher, da kam auch ein Teil dieser Vorstellungen her, die das Leben Elisabeth II. bestimmt haben. Der Verein, der mich anstellte, nannte sich „Gesellschaft zur Entwicklung komplexer Konfliktbewältigungsstrategien e. V.“. Ich arbeitete diese Zeit der Anstellung recht erfolgreich ab. Aber niemand konnte meine Leistungen in der Kunst vorhersehen. Ich hatte mich vorher an der Universität von Dresden im Fachbereich Kunst bei einer kooperativen Professorin informiert, wie man in so einer Freizeiteinrichtung arbeiten könnte. Alles, was mir diese Professorin in ihrem Fachbereich gezeigt hat, auch an eigenen Arbeiten, das konnte ich nutzen, nachahmen und umsetzen in effektive Kinderbeschäftigungen.

Ich hatte mich zwar den Übergabebestimmungen unterliegend bekannt gemacht, aber der Chef dieser Einrichtung konnte sich nicht von mir trennen. In der Übergabe der Regierungen der Länder übergab er eine andere Frau, die ihm in seiner Einrichtung mit Kunst nicht nutzten würde. Ich war am Ende des Jahres 2004 entsetzt.

Mir gelingt der Ausgleich mit immer mehr Arbeit im 1997 gegründeten privaten Kleinunternehmen und mit dem Kapital der eigenen Urheberrechte

Ich ging wieder meiner eigenen Arbeit in meinem Kleinunternehmen nach, was der Fachdienst für Arbeit wegen der Chancen für Reichtum für eine ganze Zeit weiter unterstützte. Es erfolgten das Anfertigen von Kunstkarten mit Naturmaterialien bis hin zu Malen mit Farben. Und von allen Reisen entstanden Kunstkarten mit Fotos. Hinzu kamen immer mehr meiner Veröffentlichungen zu Politik, Erziehung und Literatur. Der Umsatz stieg und damit auch das Kapital.

Aber es gab auch weitere Reisen zwischen Deutschland und Großbritannien, weitere Bemühungen, um über die internationalen Gerichte in den Haag, Straßburg und Genf an meine Geburtsurkunde zu kommen, und natürlich die Besuche dieser Gerichte. Es folgten Ausstellungen in Zittau, Niesky und Chemnitz. Ich meine, ich war bekannt genug, dass man mich nicht verwechseln konnte. In den Theorien zur Arbeit der NVA kann man auch das Verwechseln organisieren.

Für solche Fehler oder Vertragsverbrechen bezahlt man aber in der Politik immer einen hohen Preis.

Die Autorin reiste aber als Elisabeth III. auch weiter in das Land ihrer Herkunft, ihrer Thronfolge zu Ihrer Majestät Königin Elisabeth II und meinte, dass das die Arbeit ihrer Familie in der Würdigung durch das Volk unterstützt. Die Autorin blieb auch in ihrem Leben unter der ehemaligen NVA – Offizieren, Juden, Vertretern anderen Militärs, der Nato, der verschiedenen Geheimdienste und den Kriminalämtern – Christin. Sie achtet und ehrt ihre Eltern, Königin Elisabeth II. und den Herzog von Edinburgh, ebenso wie ihre Pflegeeltern, Hanna und Friedrich Ebert.

Mit dem Wachsen des Kleinunternehmens, das sie 1997 gegründet hat, wuchsen auch die Einnahmen und die Summe der abgeführten Steuern. Das Reisen mit dem Auto war auch bei steigenden Benzinpreisen möglich.

Die jährlichen Reisen in das Vereinte Königreich zwischen 2003 und 2006…

… waren Besuche von Ämtern, Polizeidienststellen, Militär, Bibliotheken, sie dienten dem Einkaufsbummel, Gottesdienstbesuchen, waren für Besuche von Ausstellungen und in erster Linie Urlaub und Erholung

Es ging darum, die deutsche und britische Staatsangehörigkeit zu erwerben oder eben das Papier über die Herkunft. Das Erkunden der offiziellen Möglichkeiten konnte ich mit Urlaub und Erholung verknüpfen. Ich begegnete dabei britischen Regierenden, zum Beispiel im Parlament, und bei Veranstaltungen der Kirchen traf ich auf Persönlichkeiten wie den Erzbischof von Canterbury. Im Wechsel von Sozialismus zu der Nachwendegesellschaft und im Rahmen ihrer materiellen Möglichkeiten war das so möglich. Ich bin dabei ehrlich geblieben. Als Landbesitzer in Deutschland bekommt man in Großbritannien keine Sozialhilfe. Wer gesund ist, kann sich lediglich um Arbeit bewerben. Mit einem Auto ist man selbst in Frauenhäusern zu reich, weil Autos in den westlichen Ländern als abgeschlossener Wohnraum gelten können. Die Reisen fanden zu unterschiedlichen Jahreszeiten statt.

Im Jahr 2003 begann die Reise am 12. September und dauerte bis zum 18. September. Für das Jahr 2004 wählte ich die Reisezeit vom 23. Oktober bis zum 31. Oktober. Im Jahr 2005 lag mein Urlaub vom 13. Mai bis zum 18. Mai und im Jahr 2006 vom 4. bis zum 12. Oktober.

Die Reisen verliefen beinahe immer gleich. Ich besuchte Dover, London und Windsor.

Das waren die Orte meiner Kindheit. Dort musste ich anknüpfen.

Aber irgendetwas machte ich falsch. So richtig wollte mich niemand haben. Nach dem Tod von Lady Diana Spencer fürchteten sich alle irgendwie. Und wie es vorher war, das konnte ich ja nicht wissen. Seit 1995 warte ich nicht mehr, ob meine Eltern das mit mir klären wollten. Ich weiß, dass ich das selber klären muss.

Auf allen vier Reisen wurde ich in der Arbeit in den Gerichten Europas immer sicherer. Später stellte ich jedoch fest, dass mich auch das nicht gerade reicher macht. Sicher aber wurde, dass meine Eltern viel Geld ausgaben, um sich um ihre Kinder zu kümmern oder eben mit Kopfgeld abzusichern, solange das möglich war.

Der Inhalt der Reisen war immer gleich. Ich besuchte die Sonntagsgottesdienste und Veranstaltungen der Kirchen oder Ämter in der Zeit meines Urlaubs. Ich schaute mir die neusten Ausstellungen an. Viele Fragen beantwortete die Kirchgemeinde in der Burg von Dover während des Kirchenkaffees im Gemeindesaal. So direkt konnte ich meine Eltern beim Leid zum Tod von Diana Spencer und meines Bruders Norbert M. Seel nicht besuchen. Ich konnte das aber auch nicht verhindern. In Deutschland möchte nämlich jeder wegen des immer wieder fehlenden Bildungsniveaus König werden. Das war die Einbildung beim plötzlich gewachsenen Reichtum nach dem Fall der Mauer. Für das System der Verantwortung im Regieren der Könige eigneten sich die sogenannten Königsbewerber der Deutschen kaum.

Mir aber wird das Vereinte Königreich dabei immer bekannter, vertrauter und meiner Kindheit nahe.

Über mehr als das Nachholen des Austauschs, den es in der Zeit der DDR hätte geben müssen, bin ich aber nicht hinausgekommen. Das alles wird mir dabei in guter Erinnerung bleiben, trotz der hohen Kosten für Autoreisen und Überquerungen etwa der Straße von Dover als Seereise oder gerade deswegen.

Die Burg von Dover zur Begrüßung

Bei den Besuchen der Kirchen kann man viel lernen über das Land und die Leute wie hier in der Burg von Dover

Elisabeth III. schließt einen Arbeitsvertrag in Zittau für sechs Monate beginnend im Dezember 2007

Erinnern an die Kindheit

Das eigentlich war meine liebste Arbeit. Ich schneiderte und entwarf und lernte andere Frauen an in diesen Handwerken und ihren Grundlagen.

Ich malte und war sicher, dass, auch wenn ich das zeigte, es niemand nachmachen konnte. So war ich als kleines Kind erfolgreich.

Mit dem Geld, das man mit meinen Arbeiten, den Bildern und dem, was kleine Kinder so herstellen können, verdienen konnte, mussten wir für meine Soldaten sorgen, für das Essen der Kriegsgefangenen und natürlich für das Leben in meiner Burg.

Mit dem, was ich als Kind gemacht hatte, bin ich reich geworden. Heute will man das so nicht mehr zulassen, dass man so arbeitet und reich wird in diesem sich in unserem Alltag ganz merkwürdig zeigendem Zittau. Für mich verstößt das gegen die geschlossenen Verträge zweier Regierungen.

Über Sehnsucht

Wie im Traum dachte Elisabeth III. immer wieder an ihre Burg. Wie schön das Bummeln da war, und wie gut man bedient wurde in dem Geschäft, in dem ich den Wein für den Weihnachtsabend des Jahres 2007 mit meinen Kindern ausgewählt hatte. Und all diese guten Sorten durfte ich vorher kosten.

Der Schokoladenkuchen nebenan schmeckte da so lecker wie in meiner Kinderzeit.

Wenn man beim Öffnen der Unterlagen der Staatssicherheit der DDR nicht solche mir völlig schadende Verträge geschlossen hätte, ginge es mir viel besser. Was haben sich die Deutschen dabei bloß gedacht?

Betrachtungen über Politik

Was hat man bloß angestellt in diesem Zittau, dass ich meine Burg nicht offiziell übergeben bekam? Was hat diese blöde CDU sich eingebildet, die Fragen meiner Herkunft ohne mich klären zu wollen? Was diese Linken und diese neuartigen Gruppierungen? Wie gefährdet ist der Frieden, wenn ich zurückkehren muss nach Deutschland? Was ist aus den verscheuerten Unterlagen geworden? Wie kann man Geburtsurkunden verkaufen oder Adoptionsbescheinigungen? Was soll aus solchen Verbrechen gegen Menschenrecht werden? Und wie brutal will man da kämpfen?

Das wären meine Schlösser und die meines Bruders.

In der Richtung geht es für mich in Deutschland nicht weiter. Man wird Jahrzehnte brauchen, bis diese ganzen Bestechungsgeschäfte über die Gerichte aufgeklärt sind. Man wird niemanden finden, der sich traut, so das Schloss in Dresden zu bewirtschaften. Über Jahrzehnte werden so die Schulden auf den Deutschen lasten.

Das geht also dem Landkreis alles verloren, wenn er nicht mit mir zusammenarbeiten will, sondern weiter „geheim“ tätig ist.

Ich arbeitete viel. In einem richtigen Arbeitsvertrag aber wäre das Gammeln. Wozu sollte man malen, wenn man keine Räume hat? Wozu mich anstrengen, wenn ich ohnehin abstandslose Spitze bin in dem Umfeld? Für mich zählt also wirklich der Umsatz meiner Freizeit. Dabei ist man nicht reicher als alle.

Und all das musste der vormals sozialistische Osten lernen, um Kriminalität zu bekämpfen.

Über das Arbeitsleben

Ich ging also wirklich jeden Tag zur Arbeit von Montag bis Freitag, und das war beinahe wie in der DDR. Seit wann kontrollieren Kollegen, ob man pünktlich ist? Müssen die sich nicht um ihre eigene Arbeit kümmern? Es wird Regelmäßigkeit gefordert und pünktliches Anfangen um acht.

Arbeitet man in der Kunst nicht wirklich effektiver, wenn man bloß arbeitet, wenn man gerade Lust hat?

Ich zerteilte mein Leben also zwischen meiner unregelmäßigen Arbeit für meine Freiberuflichkeit und den pünktlichen fünf oder sechs Stunden von Montag bis Freitag.

Auf der Arbeit musste ich mir kein Bein ausreißen. Man wurde ohnehin wieder arbeitslos.

Und ich war stolz auf das, was sonst noch so wurde.

Im Verarbeiten von Stoffen entstanden die Röcke für den Sommer und ein Kleid. Lohnt sich das so nicht auch?

Über Urlaub

Wenn man arbeitet, hat man Anspruch auf Erholung und Urlaub. Wie schön das war. Ich konnte also mit Sicherheit zurück nach Hause reisen. Ich hatte ausreichend gespart, und vielleicht würde ich meine Eltern wirklich treffen. Schlecht wird es ihnen nicht gegangen sein.

Ich konnte am Europäischen Gerichtshof in Straßburg ein wenig weitermitarbeiten zu Fragen von Menschenrechten und zu meinen politischen Forderungen als Königskind oder als rechtmäßiger Thronfolger IM Königin Elisabeth II. Aber ob man so Königin werden kann?

Im Urlaub bin ich meinem Onkel begegnet.

Moral lockern könnte bedeuten, dass er die besseren Karten hat. Egal! Ich kann gewinnen, und ich kann verlieren.

Besorgt stelle ich mir die Frage, was besser ist. Elisabeth III., Philip I. oder George VII.?

Das wird Gott der Herr entscheiden.

Langsam ging ich die Vorbereitungen an. Ich stellte meine Kleider dafür in dem Jahr immer noch selber zusammen. Was für Kosten das spart?

Und pünktlich – und in dem Jahr viel früher als sonst – fuhr ich zurück in meine Heimat.

Ich bin dabei reich geworden und konnte lange davon leben.

Hoch über den weißen Klippen im Süden Englands erhebt sich meine Burg mächtig und schön. Hoffentlich bleibt das wahr.

Elisabeth III. kandidiert für den Sächsischen Landtag und reist dann über Frankfurt am Main nach Dover

Immer wieder sind all diese Streitigkeiten, in die man in Deutschland geraten kann, furchtbar langweilig und ermüdend.

22.02.2009 Elisabeth III. liest im Zittauer Landkreisjournal, dass die Kandidaturen zum Sächsischen Landtag ausgeschrieben sind. Gerade wieder einmal ist sie knapp bei Kasse, und den Wünschen ihrer Landsleute, zu Weihnachten 2008 in Dover zu sein, konnte sie ohnehin nicht nachkommen. Sie muss diese Möglichkeit zum Geld verdienen nutzen oder es wenigstens versuchen.

23.02.2009 Elisabeth III. meldet sich im Landratsamt beim Kreiswahlleiter als möglicher Kandidat für diese Wahl an.

26.02.2009 Elisabeth III. bekommt alle nötigen Unterlagen dazu und muss sich eine Hülle dafür kaufen. Das werden so viele nötige Formulare wie Seiten in einem richtigen Buch.

Elisabeth III. gibt den Teil der Unterlagen im Einwohnermeldeamt ab, den man zur Zulassung braucht. Das Amt wird das Sächsische Staatsministerium anfragen.

28.02.2009 In der Post ist die Bestätigung, dass Elisabeth III. unter dem deutschen Namen Regina Rausch wirklich zur Wahl zugelassen wird.

02.03.2009 Elisabeth III. bekommt die ersten Unterstützungsunterschriften schnell.

An ihrem Stand liegt eine rote Mappe aus, und wenn die voller Unterschriften ist, dann wird das eine amtliche Kandidatur. So frei kandidieren kann nämlich heute jeder in Deutschland, bloß macht das furchtbar viel Arbeit.

03.03.2009 Auch an diesem Tag gibt es neue Unterstützungsunterschriften. Bis ich meine Liste voll habe, werden aber noch einige Tage vergehen. Ich muss diese Liste gut schützen, damit die Mörder und Gauner der Linken niemanden schaden können, der das neue Wahlrecht akzeptiert und ehrlich arbeiten will. Heute gilt aber das Gleiche für die Eggertsche CDU. Wo ist man hingekommen?

06.03.2009 Am Ende der ersten Woche dieses Sammeln von Unterstützungsunterschriften habe ich schon mehr als 25 % der Formulare ausgefüllt bekommen, ohne mich je von Zittau wegbewegt zu haben.

Das ist ziemlich viel, und am Nachmittag kann ich mich wirklich wieder ausruhen. Dann verziere ich diese Ostereier für meine Kunstkarten. Reich ist mein kleiner Tisch wirklich nicht. Aber ich fühle mich dem verbunden wegen der Tatsache, dass der auch meine Benzinkosten trägt.

10.03.2009 Ich kann beinahe das erste Drittel solcher Listen zum Siegeln in das Einwohnermeldeamt der Stadt Zittau bringen. Dass man ehrlich sein kann mit seinem Leben, ist nämlich gesetzliche Voraussetzung dafür, dass man so etwas unterschreiben darf.

20.03.2009 Das Sammeln aller Unterschriften für so eine freie Kandidatur ist so einfach nicht. Es gibt selbst junge Leute, denen das neue Wahlrecht nicht liegt. Wer gönnt schon jedem die gleiche Chance? Eigentlich nicht einmal ich gehöre dazu. Aber ich könnte damit leben.

23.03.2009 Elisabeth III. wählt für diese merkwürdige Kandidatur zum 5. Sächsischen Landtag die erste Vertrauensperson und entscheidet sich dabei für die Duldung der Vereinsfragen. Abends bereite ich das Material vor, mit dem ich diese Person einarbeite. Das passt nach so einem Regentag gut.

24.03.2009 Ich muss zum Einwohnermeldeamt. Da gibt es die nächsten Siegel für gültige Unterschriften. Vielleicht bekomme ich genug?

26.03.2009 Ich bekomme neue Listen zurück. Inzwischen sind beinahe zwei Drittel gesiegelt. Das sind natürlich Fahrkosten und warum nicht?

Wie komme ich schneller in meine Heimat zurück, wenn sich da auch alles änderte? Auf was würde ich warten? Und muss man nicht immer die Wahrheit sagen? Wollte man nicht im Fall der Mauer wirklich ehrlichere Gesellschaften? Wollten das nicht Kirche und Rote?

Was hätte ich erreicht, wenn ich mich gegen die Gesellschaft der Deutschen gestellt hätte?

27.03.2009 Es ist gerade ein Monat vergangen, und ich habe schon drei Viertel aller Unterschriften. Das könnte also werden.

02.04.2009 Elisabeth III. bringt die Unterstützungsunterschriften zum Siegeln in das

Einwohnermeldeamt der Stadt Zittau und in das der Gemeinde Olbersdorf.

Ich schmiede Pläne für die Fahrten in die restlichen Gemeinden des Wahlkreises, die Einwohnermeldeämter unterhalten.

Die stellvertretende Vertrauensperson ist gewählt.

Nach dem Siegeln kommt das Zählen der Unterschriften durch die Vertrauenspersonen. Dann kommt die Abgabe und dann die Pressewerbung.

Wie war das mit den CDU-Bestechungsgeldern?

04.04.2009 Elisabeth III. hat alle Unterstützungsunterschriften zusammen.

06.04.2009 Es beginnt das Sammeln der Ersatzunterschriften für den Fall, dass wirklich jemand wegzieht oder stirbt.

07.04.2009 In einer Fahrt über die umliegenden Gemeinden lasse ich alle Unterstützungsunterschriften siegeln, und immer und immer wieder macht dies das Einwohnermeldeamt von Zittau.

09.04.2009 In einer zweiten Fahrt werden wieder Unterschriften gesiegelt, etwa in Olbersdorf oder Ostritz.

10.04.2009 Es beginnt die Osterzeit, und ich habe alle Unterschriften zusammen.

11.04.2009 Im Oberlausitzer Kurier ist ein Bild des glücklichen Kreiskämmerers Frei.

Was darf der an Steuerzuschüssen umsetzen? Den Steuerbonus all derer, die das 1998 schon mal unterschrieben, gibt es also wirklich. Und ich?

14.04.2009 Am Vormittag kann ich die Unterschriften abgeben.

Im rassistischen Sachsen gibt es eine „nicht deutsche" Kandidatur zum Sächsischen Landtag. Wer sollte dagegen etwas haben?

Es wird Presseveröffentlichungen geben. Vielleicht steigt mein Umsatz?

18.04.2009 Für mich als Kreiswahlvorschlag zur Wahl zum Sächsischen Landtag geht es alltäglich weiter zwischen Herstellen von Kunstkarten als Arbeit und eben Verkauf. Reich wird man dabei nicht, oder? Ich muss darauf achten, dass meinen Kindern der Mut zum Leben bleibt und das in sauberer Moral.

21.04.2009 Elisabeth II. hat Geburtstag. Rechtzeitig vorher und damit alle und wirklich alle mitfeiern können in der königlichen Oberlausitz, senkt der toom-Markt seine Sektpreise auf 1,99 Euro pro Flasche. Von den Euro bekommt man, wenn man auf Arbeit verzichtet, 345 Stück pro Monat. Das kann sich jeder leisten, auch die Ärmsten in Deutschland mit der gerade üblichen städtischen Finanzierung.

Schon ich aber wähle den lukrativen Rosé. Es wird ein gemütlicher Abend, und auch wenn ich meine Krone aufsetzen könnte, stände ich morgen am Stand. Ob man den Glanz sieht und ahnt? Ob man so lernt, was man falsch gemacht hat? Also morden für diese Krone werde ich kaum. Aber ich verstehe auch nicht, wie Deutsche erziehen konnten, dass man für so eine Krone mordet, wenn man sie sieht. Wie übel wollte man anderen mitspielen, und wie zu Recht straft das Leben?

Elisabeth III. gedenkt einem Geburtstag, den sie mit Niederländern in Greding für die Königin Juliane gefeiert hat und an dem sie eine Münze geschenkt bekam, die sie daran erinnern sollte. Es war das schönste Gedenken für jemand, der Macht besaß, in ihrem Leben zusammen mit anderen Menschen. Auch im Wahlkampf wählt Elisabeth III. die Staatsform Monarchie.

Es ist auch die Sehnsucht des Islam, unter Königen zu leben.

Man muss sich nicht sorgen um die Verträge seines Landes, wenn man nicht König ist.

Und welche Probleme bekommen solche Länder, wo das alles so eindeutig nicht ist mit Verträgen?

23.04.2009 Es wird wieder alltäglicher, und es kann sein, dass ich gar nicht merke, wann die Zeitung was druckt. Kooperativ ist Journalismus nicht.

01.05.2009 Elisabeth III. empfängt ihre Tochter in Zittau, hört sich deren furchtbar realistischen Zukunftspläne an und segnet sie ab. Gab es je mehr Reichtum und mehr friedvolle Monarchisten?

17.05.2009 Ich entscheide mich also dafür, dass meine Kandidatur ein Angebot ist. Man kann es wählen oder nicht. In jedem Falle entscheidet man Politik mit.

20.05.2009 Elisabeth III. feiert mit all dem Volk in Zittau das alljährliche Spectaculum.

Es bringt ihr viel Geld und ihrer Mutter viel Leichtigkeit mit der neuen Veröffentlichung für 2009.

13.06.2009 Elisabeth III. muss sich brutal durchsetzen, um in rassistisch, nationaldeutscher Umgebung des Kunstmarktes in Herrnhut einen Stand für ihre Veröffentlichungen zu bekommen und dort solche zu verkaufen.

14.06.2009 Elisabeth III. empfängt ihre Kinder zum Dinner gegen 13 Uhr in Zittau und zu langen Schwätzchen.

04.07.2009 Es folgt eine Zeit mit fast täglichen Informationsständen und mit Verkauf.

Das bringt viel Arbeit, an der niemand außer ich Anteil haben muss. Und alles Zittauer Interesse hält sich ohnehin in Grenzen. Warte ich ab, was wird.

28.07.2009 Es vergeht kaum ein Tag ohne den Verkaufs- und Werbestand in dieser Zeit bis zum 30. August, dem Tag der deutschen Wahl.

30.07.2009 Meine Tochter wählt Zittau als Hauptwohnsitz für die nächste Zeit.

02.08.2009 Beim Landratsamt werden die Wahlvorschläge zusammengestellt, und es gibt Veröffentlichungen im Landkreisjournal.

Wie immer gibt es für Elisabeth III. viel Arbeit, aber viel zu wenig Repräsentation in Deutschland und immer noch zu wenige Veröffentlichungen von ihr.

30.08.2009 Nach vielen Wochen Arbeit an meinem Verkaufsstand mit Wahlwerbung und Information stimme ich also der Kandidatur durch meine Wählerstimme zu.

02.09.2009 Das vorläufige Wahlergebnis sagt aus, dass es zu einem Einzug in den Sächsischen Landtag nicht reicht. Die Gruppierungen um den Mörder meines Bruders sind also stärker gewesen in den Parteilügen und im Verständnis von Juden und Deutschen. Wie lange wird das halten?

04.09.2009 Im Landratsamt wird das öffentliche Wahlergebnis verlesen. Aber schon die Presse erwähnt diese Arbeit mit Liste für Gerechtigkeit und Frieden nicht mehr. Es gibt einen vollen Wahlsieg der Christen und eben der CDU, oder man hat für deutsche Verhältnisse dahin getrickst wie 1998.

Elisabeth III. ist in Deutschland nie unterstützt worden mit Geld, so, wie etwa diese deutschen Kinder im Austausch am Hofe ihrer Mutter.

Wenn aber die CDU Wahlsieger wird, dann bedeutet das, dass Elisabeth III. ihre Eltern lieben und ehren darf. Es wäre gegen das Gebot der Christen und damit gegen die deutsche Regierung, noch zu klagen. Da hat es Elisabeth III. bequem.

Aber es könnte heißen, dass sie mit einer schmalen Rente auskommen muss. In den Angelegenheiten meiner Familie arbeitete so bloß ich.

Oktober 2009 Ich packe meine Sachen. In Frankfurt am Main beginnt die Buchmesse. Für den 14. Oktober 2009 werde ich da Fachbesucher. Danach reise ich in meine Burg zurück. Stolz und schön begrüßen mich die Fahnen der künftigen Thronfolger. Meine Flagge hängt in der Mitte. Sind Königreiche nicht wirklich für die Ewigkeit gebaut?

Elisabeth III. besucht London zum Krönungsjubiläum der Königin im Jahre 2012

In dem Jahr wurde die Reise in das Vereinte Königreich recht kurz. Elisabeth III. wollte sich an den Feierlichkeiten zum Krönungsjubiläum beteiligen. Irgendetwas würde es dabei bestimmt auch für sie geben. Ich begab mich also auf die üblichen Wege mit dem Auto nach London.

Ich meldete mich am Buckingham Palast, und wie immer durfte ich so einfach als Kind, wie ich mir das vorgestellt hatte, nicht hinein. Ich musste also ein Hotel suchen und fand ein Jugendhotel mit günstiger, dauerhafter Parkmöglichkeit nahe dem Ufer der Themse.

Man konnte entlang der Themse in die Stadt bummeln am Riesenrad vorbei. Wie schön ist London! Wie schön war es nach den Mauern der DDR, dass ich es sein konnte, die London besuchte! Alles klappte gut, aber von meinen Eltern konnte ich bloß eine Ansichtskarte kaufen und die abgebildete auch erst ein Jahr später.

Dabei sah ich so schön aus. Es blieben die Probleme der Verständigung der Arbeit der Regierungen des Ostens und deren leichtfertig, kriminellen Neigungen, die die Familie so gestört haben. So hätten wir uns liebevoll begegnen können, wenn die Regierungen von Deutschland und dem Vereinten Königreich das zugelassen hätten. So sahen meine Eltern aus und so ich. Behalten wir das so in Erinnerung, solange wir leben und für kommende Generationen.

Auf dieser Reise begleiteten mich viele Blicke. Mutig habe ich mich daran gewöhnt. Aber realistisch betrachtet fand ich keine Wohnung in London, die ich hätte dauerhaft bezahlen können, wenn das Geld meiner Eltern immer von der Regierung verbraucht wurde oder eben unter dem Volk verteilt, weil da jeder noch ärmer war.

Erst auf der Rückfahrt wählte ich andere Kleidung. Alle Gaststätten waren genauso teuer wie in den Jahren davor. Aber ich lernte mit der Erkenntnis leben, dass ich zu arm bin, mir in meiner Heimat ein Haus zu kaufen. Der Kontakt aber ging immer weiter eben über die Grenzen der Länder hinweg.

Bild Ansichtskarte von 2012

Bild der Autorin 2012 auch als Kartengruß

Gräber des Ehepaares Friedrich und Hanna Ebert

Elisabeth III. feiert Geburtstag in der Stadt Brüssel im Jahre 2014

Reisetagebuch vom 13. August 2014 bis 22. August 2014

In meiner Urlaubsplanung entscheide ich mich in diesem Sommer für das Feiern meines Geburtstages in Brüssel. Schon im Jahr zuvor hatte ich mich bei Seiner Majestät dem damaligen König der Belgier, König Albert II., angemeldet. Aber einen konkreten Termin möchte er mit mir nicht ausmachen, merke ich beim Kontrollieren der Post. Dem Auswärtigen Amt der Deutschen bin ich zu arm für irgendeine Verhandlung. Ich müsste das Amt bestechen. Und werde ich dabei je Erfolg entwickeln im Umfeld des Militärs der früheren NVA der DDR, das auch bei allem mitreden möchte.

Ich plane also wie immer meine Reisen selber, packe meine Sachen, melde mich in den Urlaub ab und setze mich dann irgendwann in mein Auto und fahre los.

Mittwoch, 13. August 2014

Meine Reise beginnt in Zittau und führt mich zuerst nach Dresden. Ich bummle durch die Stadt und treffe mich dann mit meinem Sohn. Dresden ist in dieser Zeit schön geworden. Ich spaziere an der Semperoper vorbei und schaue auf das kleine Restaurant der alten Wache, wo ich mich mit meiner Tochter oft traf in der Zeit ihrer Studien in Dresden und wo man gut essen kann. Die Pferdewagen der Stadtrundfahrten erinnern mich an Wien. Seit mein Sohn sein Studium beendet hat, kommt er in Dresden gut zurecht und benötigt nicht unbedingt materielle Unterstützung von mir. Mich macht das ruhiger. Abends kann ich in Dresden bei ihm übernachten.

Donnerstag, 14. August 2014

Ich besuche die Stadt Frankenberg in Sachsen. In dieser Kleinstadt oder eben nicht weit davon wohnt eine frühere Studienfreundin, die gleichzeitig die Patentante meines Sohnes ist. Sie hat uns vor Jahren zur Konfirmation meines Sohnes besucht und fotografiert. Eines der Fotos konnte ich in einer geschichtlichen Veröffentlichung zu meiner Familie unterbringen, und diese Veröffentlichung wollte ich ihr und ihrer Familie gerne schenken. Ich treffe ihre Eltern in Frankenberg wirklich an und bringe so mein Geschenk gut unter.

Dann fahre ich weiter nach Chemnitz. Zuerst bummle ich da in der Innenstadt – in der Gegend um den Theaterplatz –, und später gibt es auf dem Friedhof in Altchemnitz einen Besuch der Gräber des Ehepaares Ebert, in deren Familie ich aufwuchs. Danach wird es Zeit, für mich nach Brüssel zu fahren. An vielen Raststätten halte ich an, oft muss ich tanken. Einige Kilometer vor Brüssel kann ich noch ein wenig schlafen.

Freitag, 15. August 2014

Morgens, so gegen acht Uhr früh, erreiche ich Brüssel. Ich finde einen Parkplatz inmitten der Stadt. Beim Bummeln komme ich an einer Kirche vorbei, in der es betriebsam zu sein scheint. Ich schaue hinein und erfahre, dass um zehn Gottesdienst ist. Es ist Freitag und mein Geburtstag. Ich besuche also diesen Gottesdienst. Mir ist das so vertraut, als hätte es die sechzig oder einundsechzig Jahre dazwischen nicht gegeben, in denen ich diesen Gottesdienst nicht besuchen konnte. Die Lesung war gut verständlich in Niederländisch oder Plattdeutsch. Die Predigt war in französischer Sprache und zum Thema Maria und Martha. Gebet und Liturgie waren in Latein. Ich erinnere mich an meine Schulzeit in der DDR und daran, dass mein Bildungsweg Latein lehrte, und ich erinnere mich an die Messe im Kloster Marienthal in der Oberlausitz in Sachsen, in der die Nonnen auch noch die lateinische Sprache pflegen. In Latein kann ich gut genug lesen. Ich schneide also für einen so europäischen Gottesdienst in Brüssel nicht schlecht ab.

Die Kirche bleibt meinem König der Belgier geweiht. Ehrfurchtsvoll stehe ich vor seinem Denkmal. Ich erinnere mich nämlich gerne an ihn.

Später gehe ich, wie schon einmal vor einigen Jahren, in Brüssel gemütlich Mittagessen. Ich überlege mir dabei, welche Treue die wohl katholische Kirche zur Familie des Königs von Belgien pflegt und natürlich auch zu mir, Elisabeth III.

Mitten auf dem Markt von Brüssel hat Seine Majestät der König meine Geburtstagsblumen ablegen lassen wie alle zwei Jahre immer zu dieser Zeit. Welch eine Ehre wurde mir dabei zuteil, und wie wenig klar ist den Bürgern und Besuchern von Brüssel, dass das meine Blumen sind?

Spät am Nachmittag mache ich mich auf, fahre aus Brüssel heraus und für längere Zeit weiter bis nach Calais. Den Hafen von Calais erreiche ich am Abend. Ich kann die Überfahrt buchen und setze spät am Abend wirklich noch nach England über. In einer kleinen Bar auf dem Schiff trinke ich Cappuccino. Später grüßt mich meine Burg stolz und schön hoch oben auf ihren weißen Klippen. Ich bin zurück in meiner Heimat und mindestens für den Urlaub in diesem Jahr. Zu dieser Zeit aber denke ich bloß noch an schlafen.

Sonnabend, 16. August 2014

An diesem Morgen mache ich mich zuerst frisch und gehe frühstücken. Das ist der Tag meiner Reiseplanung, an dem ich meine Burg besuche, meine Stadt Dover anschaue und gut esse, ein wenig durch die Geschäfte bummle und mir irgendwo für ein Bad am Abend ein Hotel oder ein Gästehaus oder eine preiswertere Herberge suche. Meine Buchung ist dabei mit Parkplatz und ich bezahle im Voraus. Mit einem Schlüssel in der Tasche kann ich sorgloser bummeln. Dann fahre ich zur Burg. Ich gehöre ein wenig der Gemeinschaft der Burgbewohner an und kann meine Mitgliedschaft bei „English Heritage" verlängern oder neu kaufen. Um meinen Geburtstag herum ist Burgfest, stelle ich fest. Ich bummle also zwischen all der Historie ganz aktuell als Elisabeth III. Meine Burg hat Händler angelockt, und es gibt viele Spielstücke von Edelleuten, Dienern Ihrer Majestät und viel Musik. Das ist ein schönes Geburtstagsgeschenk für mich.

Aber ich denke schon an morgen und an den eigentlich angemeldeten Termin des Sonntagsgottesdienstes mit der Gemeinde, die mich nach Deutschland schickte und nach Den Haag. Mir fehlt noch ein passender Hut. Wegen der vielen Reisen kennt man die Geschäfte dieser Gegend gut, und ich kaufe mir zuerst den schwarzen Federschmuck als Hut für den Sonntagsgottesdienst. Ich lasse mich beraten und bin damit gut klargekommen. Dann verbringe ich noch ein paar Stunden in der Burg, bis es Abend wird. Man schwatzt, man bummelt, man erholt sich. Abends zurück im Gästehaus muss ich mich pflegen für morgen.

Sonntag, 17. August 2014

Es gibt ein englisches Frühstück im Gästehaus, und ich mache mich fertig für den Gottesdienstbesuch. Pünktlich wie immer bin ich in diesem Jahr in meiner Kirche und beim Gottesdienst. Es ist ein relativ bescheidener Gottesdienst mit weißen Blumen für Neutralität gegenüber Ihrer Majestät Königin Elisabeth II., und wann immer ich danach durch die Burg spaziere, atme ich all die Probleme des Militärs der Moderne und der Historie. Aber man feiert fröhlich, und ich muss an die Pläne meiner Reise denken.

In Dover kann ich reichlich tanken, und am Nachmittag fahre ich nach Windsor. Vielleicht kann ich da meine Eltern treffen. Am Wochenende sind sie meist zu Hause. Aber das gelingt auch in diesem Jahr nicht, also bummle ich durch die Stadt.

Montag, 18. August 2014

In all den Problemen meiner Familie bin ich vielleicht wirklich ein wenig arm. In den Nachrichten des neuen Handys habe ich mit meiner Handynummer einen Gewinn erspielt. Ich meine, das kann ein Scherz sein, und am Sonntag nach dem Gottesdienst wollte mir von so einer Spielgesellschaft niemand das Geld übergeben. Ich schaue nach einer Internet-Adresse. Ich meine, all solcher Austausch muss kontrollierbar sein. Ich reise also in die Gegend Surrey nach Norden. Ich finde die angegebene Adresse wirklich. Das alles ist also kein Irrtum. Aber Geld bekomme ich da nicht, sondern ich kann es bloß gegen eine hohe Summe anfordern und nach Zittau liefern lassen. So eine hohe Summe für „geht oder geht nicht" kann ich nicht anbieten. Der Gedanke, dass ich eine neue Gegend meiner Heimat kennenlernte und noch ein wenig mehr Urlaubszeit da verbringen kann, macht sich in mir breit.

Ich fahre zurück nach Windsor. Dort kann ich gemütlich mittagessen und die Ausstellung meiner Eltern besuchen. Für mich sind 18 Pfund viel Geld, aber ich mag die Ausstellungen meiner Eltern, und ich freue mich eigentlich jedes Jahr darüber neu.

Abends fahre ich mit meinem Auto nach London. Ich kann keine Vignette für die Einfahrt in das Innere der Stadt erwerben. Das geht bloß noch im Internet. Ich schaue mich also ein wenig außerhalb des Zentrums von London um, bis ich merke, dass ich müde werde und noch ein wenig schlafe.

Dienstag, 19. August 2014

Ich denke, ich fahre zurück nach mein Dover. So am Morgen sieht man viel von London, und ich finde mit Hilfe einer Skizze, die mir ein netter Herr aufmalt, einen günstigen Weg aus der Stadt heraus und in Richtung Dover.

Kirche des Königs in Brüssel

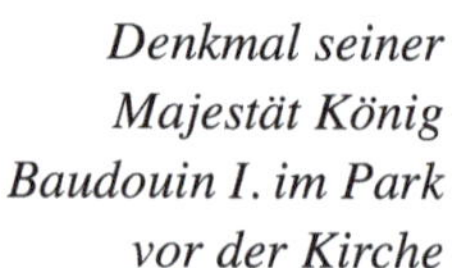

Denkmal seiner Majestät König Baudouin I. im Park vor der Kirche

Meine Geburtstagsblumen am Markt in der Stadt Brüssel im Jahre 2014

Moderne Ritter in der Burg von Dover im Jahre 2014

Mittwoch, 20. August 2014

Ich besuche noch einmal meine Burg und kaufe tatsächlich bei den Händlern ein.

Ich esse zu Mittag und fahre dann zum Hafen. Gemütlich ordne ich mich unter die Wartenden beim Check-in ein und kennzeichne mein Auto mit den Bordkarten

Die Rückfahrt beginnt etwa um 13:30 Uhr.

Später am Nachmittag erreiche ich das Festland mit meinem kleinen Auto. Ich starte meine Fahrt in Richtung Zittau. Spät in der Nacht und müde erreiche ich Aachen und damit Deutschland. Ich werde sehen, was mich morgen erwartet auf meiner Reise.

Donnerstag, 21. August 2014

Den ganzen Donnerstag nutze ich zur Rückfahrt. Ich mag das Reisen von Raststätte zu Raststätte. Man erholt sich dabei recht gut, wenn man einen Tee trinkt, mal schwatzt oder einfach das Handy aufladen kann. Spät abends bin ich zurück. Mein Sohn schläft um diese Zeit schon. Er muss am nächsten Tag arbeiten, wie ich später wieder nach meiner Geburtstagsreise.

Freitag, 22. August 2014

Gesund und schadlos zurück in Zittau packe ich meine Reiseerinnerungen aus und all meine Kleidung. Wie mag ich diese Reisen ohne Stress, Belastungen und ohne Verantwortung für Mitreisende. Wie liebt man unser freies Europa! Ich gebe zu, ich werde arbeiten und sparen und im nächsten Jahr an die nächste Reise denken.

Stadt Dover 2014

Leipziger Buchmesse 2015

Elisabeth III. fasst die Ausflüge und Reisen für das Jahr 2015 zusammen

Häufig werden die Könige und ihre weiblichen Kolleginnen in unserem heute noch friedlichem Europa um ihre Reisen beneidet. Elisabeth III. saß gemütlich in ihrer kleinen Wohnung im ostdeutschen Zittau und betrachtete das Jahr 2015. Wie sah das überhaupt für mich aus in diesem Jahr, mit der Möglichkeit zu reisen, ohne die Mauer um die DDR?

Schon zeitig im Monat Februar besuchte Elisabeth III. in der Stadt Chemnitz eine Tagung ehemaliger Studenten der Technischen Hochschule Karl-Marx-Stadt, die sich gemeinsam in der Evangelischen Studentengemeinde trafen. In der Petri-Kirche am Theaterplatz von Chemnitz wurde sie konfirmiert.

Die Buchmesse in Leipzig im März des Jahres 2015 wurde ein weiterer Höhepunkt von Arbeiten, Reisen und Werbung für mein Kleinunternehmen. Neben der verlegerischen Arbeit gab es viele humorvollen Begegnungen.

Elisabeth III. wandelte auf den Spuren Elisabeth II. und gönnte sich einen interessanten Ausflug in die Stadt Sebnitz als Stadt der Kunstblumen. Der Marktplatz gruppiert sich um eine alte Postsäule. Es gibt historische Gebäude und modern bemalte. Besonders beeindruckend aber ist die weltgrößte Kunstblume in einer Ausstellungshalle.

Am Nachmittag schloss sich eine Wanderung durch die Sächsische Schweiz an und ein gemütliches Kaffeetrinken.

Als Ihre Majestät Königin Elisabeth II im Juni des Jahres 2015 mit ihrem Gemahl Prinz Philip Berlin besuchte, da machte sich auch Elisabeth III. auf in diese Stadt.

Eine weitere Reise führte am 15. August 2015 zur Burg Augustusburg in Sachsen. Dort wäre Elisabeth III. vielleicht aufgewachsen, wenn es den Sozialismus der DDR nicht gegeben hätte.

Wir besuchten das Dorf Schellenberg. Auf einem Bauernhof wuchs die ältere Schwester oder Halbschwester IM Königin Elisabeth II. auf. Der Spaziergang durch das Dorf, zur Kirche und vorbei an Feldern und Wiesen bot auch viele Erinnerungen an meine Ferienaufenthalte in der Schulzeit der DDR.

Mit je einem Marktstand beteiligte sich Elisabeth III. am Tippelmarkt und am Altstadtfest in Görlitz.

Dann wurde es Herbst. Elisabeth III. sehnte sich in ihre Heimat zurück. Sie begann mit der Reiseplanung, packte ihr kleines, blaues Auto. Es war Advent. Mit der langen Arbeitszeit in der Oberlausitz konnte ich ausreichend Geld für eine solche Reise verdienen.

Es war furchtbar lange her, dass Elisabeth III. ein Adventswochenende in ihrer Heimat verleben durfte.

Ich stieg zu meiner Burg in Dover hinauf. Es wehten unsere Fahnen an den Mauern der Burg.

Später reiste ich weiter. Das königliche Windsor war festlich und recht weihnachtlich geschmückt. Der Gottesdienst in der St.-Georgs-Kathedrale erinnerte an meine Kindheit.

Es wurde eine schöne Reise, aber würde mir je jemand glauben, dass da eines meiner Enkel im Chor mitsang?

Später reiste ich wieder zurück nach Deutschland in die ostdeutsche Kleinstadt Zittau. Weihnachten feierte ich mit meinem Sohn. Am 27. Dezember 2015 – dem Taufgedächtnis meiner Tochter – wird mein zu diesem Zeitpunkt jüngstes Enkel geboren.

So geordnet wird das Reisen zwischen Deutschland und dem Vereinten Königreich mein Leben auch weiter bestimmen.

Am Ende des Jahres baten wir Gott den Herrn um Frieden für das nächste Jahr.

Aber wäre das alles möglich gewesen ohne den Fall der Mauer um Ostdeutschland?

weltgrößte Kunstblume 2015

Kirche in Dorf Schellenberg

Burg Augustusburg im Bundesland Sachsen

In der Sankt George Kathedrale im Windsor Castle

Burg von Dover

Die Blumen zum Geburtstag Elisabeth III. in Brüssel am 15. August 2016

Elisabeth III. musste herausbekommen, ob das wirklich ihre Geburtstagsblumen in Brüssel waren, die sie ansehen durftc. Sie werden da alle zwei Jahre gezeigt, hat sie inzwischen gelernt.

Ich reiste auch im Jahr 2016 im Sommer nach Brüssel und über Brüssel in das Vereinte Königreich. Auch in dem Jahr gab es die Blumen wieder. Prachtvoll zierten sie den Markt der Stadt. Nach fünfzig Jahren Dienst in Deutschland erinnerten sie aber auch an den Unterschied zwischen königlichem Denken und bürgerlichem Leben. Die Autorin Regina Rausch hat als Elisabeth III. diesem Wechsel immer standgehalten. Stolz dachte sie dabei, so lieb hatte mich also König Baudouin I. wirklich, dass er die Verantwortung für ihre Blumen an die nächste Generation übergab. Ordnen wir unser Leben im Europa ohne Grenzen danach.

Eine Reisebeschreibung für meinen Urlaub vom 19. April bis 1. Mai 2017

Mittwoch, 19. April 2017

Reise nach Chemnitz

Im Jahr 2017 plante Elisabeth III. also sehr zeitig Urlaub. Für mich ist das Zusammenwirken mit meinen Eltern, meiner Familie und meinen Enkeln schwer. Über Ländergrenzen hinweg und über die Stellen des deutschen Staates versacken die Informationen immer wieder im Parteigewühl der Deutschen auch nach dem Mauerfall. Kirchen sind familienfeindlich geworden aus Sorge um Nachwuchs in Klöstern und Ordensgemeinschaften. Parteien stellen ihre Parteizugehörigkeit in den Mittelpunkt wie in Zeiten der DDR. Ich entscheide also alles selber nach meinem Gefühl für meine Sicherheit, meinem Geldbeutel und dem Wunsch, bekannter zu werden. Mir muss am Ende niemand glauben, dass meine Reisen wahr sind. Für meine Kinder bleiben sie der geübte Alltag seit dem Mauerfall und der Zeit, in der ich das erste Mal arbeitslos wurde. Mit meinem Sohn, der abends oft lange in seinem Betrieb angestellt arbeitet, ist ein Treffen mit mir als zeitweiser Abschied zum Abendessen so halb acht möglich. Ich packe also mein Auto mit all den Sachen, die ich für eine Reise oder einen dauerhafteren Start im Vereinten Königreich von Großbritannien und Nordirland brauchen könnte. Das sind Kleider, Anzüge, Arbeitsmaterialien, Bücher, die man übersetzen könnte, und natürlich das Produkt, mit dem ich das Geld für solche Reisen verdiene, nämlich den Kunstkarten. Sogar am Tag meiner Abreise kann ich das

Informationsbüro der Stadt Zittau noch einmal beliefern und so mein Taschengeld aufbessern. Aber es wird wirklich Nachmittag, bis ich richtig starte. Zu viel Verkehr ist zu dieser Zeit auf der Autobahn nicht.

Ich kann in den Garten fahren, den wir als Kinder gut bestellt hatten mit der Familie Friedrich und Hanna Ebert. Es würde mir viel Arbeit bringen, so manchen Tag an der frischen Luft und eben auch so manchen Tag Sonne auf der Haut. Die Säule am Eingang ist so verzogen vom Frost, dass nur ein Draht das Tor hält. Viel Unkraut hat die Arbeit von früher überwachsen. Ich schwatze ein wenig mit den Nachbarn aus alter Zeit.

Die Stadt Chemnitz verlockt mit guten Angeboten zum Einkaufen wie eigentlich alle Großstädte heute. Ich bummle durch Läden und Kaufhäuser. Einen Hut wollte ich vorher nicht kaufen wegen der Kosten und der Unsicherheit solcher Reisen, aber es gab gute, nicht billige Angebote. So gegen sieben Uhr am Abend fahre ich in Richtung der Wohnung meines Sohnes. Da klingelt mein Handy, und er fragt schon an. Wir essen gemütlich in einem Restaurant, welches ein Syrer betreibt. Ich mag die Gewürzmischung für solche Fleischstücke vom Hähnchen. Wir schwatzen und schwatzen. Sorgen macht sich mein Sohn nicht um meine Reisen. Das ist schon mindestens zwanzig Jahre so, dass ich so leben und reisen darf. Wegen der Platzverteilung meiner Gepäckstücke darf mein Sohn wählen zwischen Fahrersitz und Füße hochlegen als Beifahrer. Er wählt den Fahrersitz. Es wird ein leichter Abschied. Brauchen wird mich mein Sohn in seinem Alter nicht mehr unbedingt, und ein bisschen Freude und Abenteuer gönnt er seiner Mutter wirklich.

Danach fahre ich noch weit bis tief in den Westen Deutschlands. Ich nutze den Service der Raststätten zur Erholung.

Donnerstag, 20. April 2017

Reise nach Düsseldorf

Seit meine Tochter all ihre Studien beendet hat, wohnt sie mit ihrem Mann und dem jüngsten Sohn in Düsseldorf. Lange bevor ich meine Reise in das Vereinte Königreich beginnen will, vereinbare ich mit ihr einen Termin, an dem ich mit meinem zu dieser Zeit jüngsten Enkel spielen will.

Gut ausgeschlafen und schon am Vortag weit in den Westen Deutschlands gereist, starte ich also die Fahrt zu ihr und ihrer Familie. Vorbei an und mit Pausen in vielen Raststätten oder Servicestationen fahre ich nach Düsseldorf. Dort komme ich schon zu Mittag an. Der Zeitpunkt zum Spielen aber liegt am Nachmittag nach der Zeit in der Kindereinrichtung für den kleinen Enkel. Ich bummle durch Düsseldorf und schaue mich um in den Geschäften. Düsseldorf ist Landeshauptstadt von Nordrheinwestfalen. Die Stadt ist reich und gut gestaltet. Ich schaue so kurz in eine evangelische Stadtkirche, sehe in einem Kaufhof elegante Hüte und kann mich so recht nicht fürs Geldausgeben entscheiden. Schon zeitiger am Nachmittag fahre ich zu meiner Tochter. Die Kindereinrichtung hat Osterferien, meine Tochter ein paar Tage Urlaub, und schon zeitig am Nachmittag spiele ich mit meinem Enkel. Ich habe ihm eine Taufkerze mitgebracht, dem Vater ein Bild von Brüssel mit meinen Geburtstagsblumen, meiner Tochter das, was die DDR nicht hatte, nämlich gute Kosmetik. Alle sind darüber froh. Wir schwatzen und spielen. Am besten gefällt meinem Enkel, wenn er etwas Besonderes schafft und alle klatschen. Er stellt schon acht Bausteine sicher übereinander, ehe sie umfallen. Ich meine, er entwickelt sich gut. Wenn er größer wäre, da könnte er mitreisen. Aber so jung ist er zu Hause bei seiner Mutti besser aufgehoben. Später am Nachmittag oder zeitig am Abend verabschiede ich mich wieder. Besuch mag mein Enkel. Zu viel Arbeit möchte ich meiner Tochter nicht machen.

Ich fahre noch weiter bis weit nach Belgien hinein. Auch dort beeindruckt der Service der Raststätten. Irgendwann spät am Abend bin ich zu müde und muss erst einmal schlafen.

Stadtansicht in Düsseldorf

Die Autorin Regina Rausch kann ihrer Familie kondolieren, hier etwa zum Tod der Königin Mutter in Windsor.

Freitag, 21. April 2017

Reise nach Calais und Übersetzen nach Dover

Es ist der Tag, an dem man vom Geburtstag Elisabeth II. redet. In Belgien konnte ich nahe einer Raststätte friedlich schlafen in meinem Auto. Niemand hat mich gestört, niemand hat daran Anstoß genommen. Zeitig am Morgen gehe ich da Kaffee trinken. Dann fahre ich weiter. Wann werde ich den Hafen von Calais erreichen? Wo wird die Königin heute ihren Geburtstag feiern? Ich erinnere mich an meine Kindheit und schmiede meine Reisepläne wie meine Mutter. Ob das gut ist, das weiß ich so genau nicht. Aber geht das anders? Wenn ich ganz zeitig frühstücke, beinahe noch nachts, dann könnte ich Calais zeitig erreichen und die preiswerteste Überfahrt buchen. Auch das Buchen der Überfahrt könnte Economy-Klasse werden. Den Hafen von Calais erreiche ich so gegen halb sieben. Ich kann mich frisch machen und für mein Auto und mich das preiswerteste Ticket für die Überfahrt buchen. Schon um sieben kann ich mich zum Einchecken anstellen. So gegen zehn werde ich Dover erreichen. Alles klappt planmäßig, es gibt keine Probleme. Die Kontrollen sind eigentlich wie in jedem Jahr. Selbst Frankreich hat zu dieser Zeit keine zusätzlichen Straßenkontrollen in Betrieb genommen.

In Dover besuche ich meine Burg. Ich stelle fest, dass mein Geld für die Mitgliedschaft in „English Heritage" nicht mit der Post angekommen ist. Ich bezahle einfach neu. Dabei ist aber festzustellen, dass es gar nicht gereicht hat für das Jahr 2017. Alle Preise steigen, einschließlich der Eintritt in eigentlich meine Burg.

Ich besuche die Kirche der Burg, und auch da gibt es mein Kissen in diesem Jahr nicht. Niemand aber kann Auskunft geben warum. Ich vermute, irgend so ein Zittauer Möchtegern wird mich wohl wieder mal schlecht gemacht haben. Egal ist das für mich nicht, aber ich habe mich so orientiert. Alle reden, planen, und was davon käme bei mir an? Was nicht ankommt, das gibt oder gab es für mich nicht. Ich bummle den ganzen Tag durch meine furchtbar gut besuchte Burg und mache Fotos.

Wenn ich ganz zeitig am Morgen starte, dann erreiche ich meine Familie vielleicht morgen in Windsor. Wenn ich heute Abend nach Winsor fahre, bleibt mir morgen mehr Zeit.

Ich fahre also in das königliche Windsor wie in der Erinnerung an meine Kindheit und nutze von Dover aus die M20 als Autobahn und dann die M25. Ich erreiche den Langzeitparkplatz von Windsor, den ich auf allen Reisen immer nutzte, vorher und merke, wie preiswert der in der Parkzeit bis morgen früh ist. Ich bummle durch das königliche Windsor, trinke gemütlich ein Gläschen Wein in so einer Gaststätte und denke später am Abend ans Schlafen.

Sonnabend, 22. April 2017

Ein Tag im königlichen Windsor

Zeitig am Morgen kann man in Windsor schon frühstücken gehen. Für viele Mitbürger beginnt der Weg zur Arbeit. Ich schaue also, was für mich geeignet ist, und wähle nach einem guten Frühstück eine Morgenandacht in der Sankt-Georgs-Kathedrale um acht. Wenige von den Mitarbeitern der Königin besuchen diese Andacht. Aber ich kann mein Geburtstagsgeschenk für Ihre Majestät abgeben.

Es ist wie in meiner Kindheit. Meine Mutter ist Königin und hat offenbar keine Zeit. Ich bummle mit dem Volk durch das königliche Windsor. Mir bleibt Zeit zum Einkaufen, für Ansichtskarten an meine Kinder und an einen Freund in Deutschland, der mir gelegentlich beim Arbeiten hilft. Man kann gut essen gehen in dieser kleinen Stadt. Gegen 17 Uhr will ich wieder ein Abendsingen in der Kirche besuchen. Ich meine, ich kann mich üben. Es gibt neue Gesangbücher mit richtigen Noten, damit das Singen einfacher wird für Leute wie mich, die nicht immer solchen Gottesdiensten beiwohnen können und auch Melodie und Text der Lieder nicht ohne Gesangbuch singen können. Auch hier wird es das Problem der Kirche werden, dass der Datenschutz in den Verträgen der Königin nicht gehalten hat. Wenn ich meinem Bruder, der in Deutschland unter dem Namen Norbert M. Seel lebte, noch Windsor hätte zeigen können, wie hätten wir uns gefreut.

Später fasse ich den Tag für meine Reisebeschreibung zusammen, trinke noch ein Gläschen Wein und begebe mich ein wenig traurig auf die Rückfahrt nach Dover. Meine Enkel habe ich in diesem Jahr nicht getroffen und meine Eltern auch nicht. Wo haben sie gefeiert? Wollten sie nicht feiern? Wenigstens ich war zu Hause. Aber was hatte ich davon, außer eben einen schönen Tag Urlaub?

Sonntag, 23. April 2017

Gottesdienst in der Burg von Dover und spazieren gehen

Es ist schönes Frühlingswetter und Sonntag. Ich fahre mit dem Auto in die Burg von Dover. Eigentlich ist das meine Burg. Aber die Übernachtungen haben königliche Preise wie das deutsche Auswärtige Amt. Ich denke, deswegen wollte mich meine Mutter materiell unterstützen. Wenn all das Geld bei mir angekommen und nicht in Deutschland versackt wäre, wie könnte ich dann planen?

Ich besuche einen Gottesdienst, und mein Kissen liegt nicht mehr da. Einordnen kann ich das nicht. Man hat einen Kirchenvorstand gewählt wie in Deutschland. Aber ich besuche einen Gottesdienst für das Volk, der gut gelingt. Anfreunden mit den modernen Ordnungen kann ich mich so kaum. Man wird einfach immer wieder Forderungen stellen, die an die sozialistischen der DDR erinnern. Diese Wünsche aber waren immer bloß Träume.

Vielleicht wittert dieser jetzige Rektor der Fachhochschule in Zittau wieder Karrierechancen für seine Freunde, und irgendwie schließt mich das alles immer wieder aus. Es ist kein Kirchenkaffee, und jemand feiert Geburtstag. Ich schaue mir das an, und es ist zwar gut gelungen, aber wirbt man so für Gemeinde? Ich schenke dem Geburtstagskind ein Buch zum Thema der britischen Krone in meiner Veröffentlichung. War das einer aus Zittau? Man kennt die Leute nicht recht und trifft sie selten.

Ich bummle zu meiner Burg. Ich denke darüber nach, wie groß die Gefahr deutschen Nationalsozialismus schon wieder ist, was alles die Nachkommen der Nazis in deutschen Kirchen in Zittau so verweigert haben an den Forderungen zur Eindeutigkeit bis zur Übergabe und was man zusammen wohl mit der früheren Staatssicherheit der DDR später erpresste. Meine Forderungen waren das nicht. Mich hat man nicht gefragt. Aber den Dienst für meine Familie, in den ich als Kind gegeben wurde, den habe ich erfüllt. Für fünfzig Jahre war das viel.

Nach dem Gottesdienst und dem Essen kann ich lange wandern durch meine Burg. Das pflegt meine Figur, und ich denke, das machen alle im Urlaub. Ich bummle noch an meiner Küste entlang. Immerhin gab es da in diesem Jahr den ersten Blumenstrauß zur Begrüßung in meiner Heimat.

Montag, 24. April 2017

Stadtbummel und Mittagessen in der Burg von Dover

Ich habe ein wenig schlecht geschlafen und stehe ganz zeitig auf. Wie geplant, fahre ich heute nach Canterbury. Dort bin ich schon um halb acht. Aber es gibt keine Probleme, der Parkplatz hat freie Plätze, und ich finde eine für Frühstücksgaststätte. Ich kann schwatzen, und jeder gibt richtig Auskunft. Das weiß ich am Abend sicher. Um acht beginnt die Morgenandacht in der Kathedrale von Canterbury. Danach lädt mich eine Frau zum Kirchenkaffee ein. Es ist in einer Gaststätte und ebenso zeitig. Wir schwatzen lange, und ich denke, ich kann mir ein Buch leisten, welches dableibt. Ich denke an meinen Winterhut, den ich in Canterbury kaufte, und will bummeln. Aber alles Volk strömt in eine katholische Kirche. Vielleicht ist das interessanter? Es ist ein Beerdigungsgottesdienst für einen Briten, den man mit viel Gesang verehrt. Meine Banknachbarin meint, dass ich das Liedblatt mit ihr nicht teilen muss, sie kennt alle Lieder auch so. Man singt eines meiner Kinderlieder. „ I will go Lord if you lead me. I will hold your people in my heart.“

Mich freut das. Die katholische Kirche hatte Waffenprobleme mit der Nutzung der Waffen der Saarbrücker unter dem Polenpapst oder in dessen Nachfolge. Ich meine, die katholische Kirche hatte sie zu Recht. Es bleibt immer das Problem, dass die Pfarrer reicher sein wollen mit der Einheit Kirche, Pfarrhaus, Begegnungszentrum als die Kinder Elisabeth II. es je waren beim Einsatz und Dienst in Deutschland in den Folgen des Zweiten Weltkrieges. Wenn ich einen Arbeitskreis Englische Kirche in das Zittauer Pfarramt legen will, dann bekomme ich natürlich den Schlüssel nicht. Was soll ich mit solchen deutschen Kirchen als Christ anfangen?

Ich bummle noch lange durch Canterbury und besuche die Armee, die mich eigentlich nach Deutschland schickte, aber mich wohl auch nicht zurückhaben will. Wieder wird meine Veröffentlichung zu meiner Familie im Jahre 2014 ein gutes Gastgeschenk. Später fahre ich nach Dover zurück. Gut, dass ich wieder Mitglied des „English Heritage“ geworden bin. Ich kann in meine Burg fahren zu einem späten Mittagessen.

Den Rest des Tages verbringe ich mit dem Anschauen des Angebotes in den Geschäften der Stadt Dover, beim Bummeln und Essen am Strand.

Dienstag, 25. April 2017

Eine Fahrt mit dem Zug nach London

Auf diesen Tag fällt mein letzter in der Vorbereitung geplanter Punkt für diese Reise. Zuerst besorge ich mir die Fahrkarte nach London. Es gibt eine preiswerte Verbindung am Vormittag mit dem Zug für zwanzig Pfund. Dann frühstücke ich gemütlich in Dover. Ich kann mein Handy aufladen und einkaufen. Wenn der später abfahrende Zug preiswert ist, ich ungestört und kostenfrei in Dover parke, dann reicht es, wenn ich erst ganz spät am Abend in Dover zurück bin. Keiner sieht mich, keinen störe ich.

Ich melde mich also zuerst im Buckingham Palace, dann im Parlament, dem Palast von Westminster. Meine Familie darf mich immer noch nicht reinlassen oder will es nicht, wenn die Karten zur Nutzung der Schlösser unter meinem Namen, die man mir schicken wollte, in die Hände der Deutschen fielen. Ich frage mich, womit ich das verdient habe. Vielleicht hätte ich die Regierenden der Deutschen öfter anspucken müssen, damit sie nicht verliebt sind? Ich bin es gewöhnt.

London ist schön. Ich gehe mittagessen, und es gibt Hühnchen. Am Nachmittag besuche ich eine Galerie in London und bedenke meine Arbeit. Kaufen wollte man mich da nicht. Zurück am Parlament will ich eine Kirche besichtigen und bekomme die tägliche Gottesdienstinformation für 17 Uhr. Also, den Gottesdienst will ich mir nicht entgehen lassen. Die Kirche wird beachtlich voll. Aber die zwei Pfund Spende kann man gut nutzen, und das ist der Gottesdienst wert. Dann bummle ich wie im Englischbuch meiner Abiturzeit zur Victoria Station. Es geht ein Zug nach Dover ab, und ich bekomme einen guten Sitzplatz. Im Zug schwatze ich mit einem jungen Mann. Er spielt Reiseführer und erklärt mir, was ich mir alles so noch anschauen kann. Dienstags ist eigentlich Markttag in Dover. Hätte ich nicht am Markt stehen sollen? Irgendwie würde ich dabei zuerst obdachlos. Ich riskiere es nicht. Ich finde, das, was der Jugendliche erzählt hat, ist realistisch. Urlaub darf sein.

Asyl würde meine Kinder vernichten.

Wenn ich ein paar Mal Handy aufladen gehe zu einem Jugendlichen, der mein Handy im Geschäft seinem Gerät anpassen kann, dann werden noch ein paar schöne Fotos.

Mittwoch, 26. April 2017

Reiseplanung, Einkaufen, spazieren gehen und Buchen der Rückfahrt

Ich bin also einen ganzen Tag in Dover und in meiner Burg. Die Zeit vergeht dabei schnell. Ich stelle meine Veröffentlichung zu zwanzig Jahre Eigenverlag Regina Ebert Rausch in der Bibliothek der Stadt Dover ein. Man sammelt dort meine kleinen Veröffentlichungen und meine größeren Autorenwerke. Dort kann der Jugendliche sich auch anschauen, wobei er mir mit täglichem Handyaufladen hilft.

Ich meine, wenn mich niemand privat aufnehmen will, dann fahre ich zurück. Immer sind meine Reisen so geplant, dass mir nichts schaden kann. Immer sind und waren das Reisen, die alle Gesetze der von mir bereisten Länder respektieren. Ich buche also eine Fahrkarte für Freitag für die Rückfahrt auf das Festland. Auch das ist jetzt Economy-Klasse und teurer. Aber ich habe genug Spielraum. Ich kann noch mal für ein paar Pfund tanken. Später fahre ich in die Burg von Dover. Ich kaufe meinem Enkel ein Kinderbuch von einem Drachen und seinem Freund. Es ist noch ein wenig Zeit, bis mein heute jüngster, in Deutschland lebender Enkel zur Schule gehen muss. Wird es ihm aber nicht so gehen, dass er seine Geschwister nie trifft, wie ich meine Eltern nie besuchen durfte? Ich denke an die Kirchenlieder meiner Kindheit und werde meinen Enkel darauf vorbereiten, und irgendwie wird auch dieser Enkel seine Geschwister bei allen Unterschieden in seinem Herzen behalten.

In der Werbung „English Heritage“ gibt es Angebote zum Mieten in der Burg von Dover. So reich ist niemand von unseren Offizieren in Deutschland geworden. So reich werden bloß eben dauerhaft Deutsche in Deutschland. Ich bekam noch eine Einladung zu einer Veranstaltung des „English Heritage“, aber die ist erst in der nächsten Woche. Offenbar geht es mir zu gut, als dass mir jemand helfen will oder helfen würde. Wenn es mir schlechter ginge, also dann wäre ich vielleicht beliebter, aber hätte eben das Gefühl, schon vorher abzusterben in so komplizierten Fragen.

In Erinnerung an das Kind, welches ich einmal war in der Burg von Dover, hatte ich in einem Gedicht für meinen Vater über mich geschrieben:

„Seine Freunde waren die Möwen,
die vom Vater erzählten,
der noch im Krieg kämpfte
und weit draußen war auf hoher See."

Die Abende am Meer sind sehr schön. Früher war das meine Küste. Und heute? Da darf ich das bloß nicht wissen? Man schwatzt im Restaurant, schaut den Möwen zu und ergänzt seine Reisetagebücher. Dort hat schon mein Vater gerne gegessen, wenn er mal in Dover war, lasse ich mir erzählen.

Donnerstag, 27. April 2017

Besuch einer Verkaufsausstellung, vieler kleiner Geschäfte für Kunst, von Galerien, von „Turner Contemporary" in Margate und eine Pause im Hafen von Ramsgate

Neben all dem, was ich mir als Elisabeth III. für diese Reise vornahm, gibt es noch zwei Tage richtigen Urlaub. Ich muss mein Land besser kennenlernen. Ich besuche zuerst eine Verkaufsausstellung für Fertighäuser, die man wie gemütlich eingerichtete Container auf sein privates Land stellen kann. Aber welches Land wäre meines? Nicht einmal diese Frage könnte ich beantworten. Ich fahre weiter in den Osten und bummle zwischen meinen weißen Klippen. Entlang der Straßen kann ich mich umschauen im Hafen von Ramsgate. Noch weiter im Osten besuche ich auf der Durchreise Geschäfte für Kunst, die aber auch alle bloß in Kommission handeln, also Bezahlung nach Verkauf, wie im Informationsbüro der Stadt Zittau. Ganz weit im Osten steht man an der Nordsee. Im Städtchen Margate besuche ich eine Galerie, die mir recht gut gefällt. Es entstehen Fotos, und ich träume. Wo würde in meiner Heimat meine Kunst hängen? Mir fällt ein, ich wäre zu Hause und würde einladen. Aber niemand hätte mich reingelassen oder ernst genommen mit den Eigentumsfragen und den Problemen bei den Verhandlungen mit Deutschland. Ich gehe gelassen damit um. Ich hatte die Gerichte in Den Haag, Straßburg und Genf besucht. Bei so einem Ausflug kann man Eis essen, gut Kaffee oder Cappuccino trinken. Das ist immer eine Mischung aus Abschalten und dem Kennenlernen neuer Dinge. Abends fahre ich nach Dover zurück.

Freitag, 28. April 2017

Das Ordnen für die Rückfahrt und Übersetzen von Dover nach Dunkerque unter australischer Flagge

Mit meiner Tochter habe ich einen Besuch vereinbart erst am Sonntag. Für heute habe ich die Rückfahrt gebucht. Mich bewegt die Frage, was ich an dem Tag dazwischen, also morgen, machen werde. Was gibt es Interessantes auf dem Weg von Dover nach Düsseldorf? Zuerst ordne ich mich im Hafen von Dover ein. Für April ist ungewöhnlich viel Betrieb auf der Überfahrt zum Festland. Bald können die ersten Autos zum Parken auf die Decks des Schiffes fahren. Während der Überfahrt kann man einkaufen, essen gehen, einen Kaffee trinken oder einfach bummeln. Ich suche nach einem schönen Motiv für später, wenn ich als Freiberuflerin weiterarbeiten muss. Ich trete dabei auf ein freies Deck. Da ist das Schiff mit einer australischen Flagge versehen. Was könnte so ein Schiff erzählen, wenn es aus Australien kommt? Es redet von unserem Königreich, von meiner Familie und meinen Eltern. Es erzählt von all unseren Sorgen um Familie und Reichtum. Wenn ich so einfach bis Australien reisen könnte mit meinem Auto und so einem Schiff wie meine Mutter, was wäre das für ein Leben? Aber ich muss mich aufmachen und arbeiten – und das immer noch in Deutschland. So geht es auch für mich bloß ganz langsam weiter. Das Vergleichen der Verträge, denen ich unterlag, damit sollte man lieber nicht beginnen.

Sonnabend, 29. April 2017

Besuch der belgischen Stadt Antwerpen

Ich entscheide mich am Morgen für einen Besuch belgischen Stadt Antwerpen. Ein Teil meiner Fahrt war nachts, und ich hatte einfach im Auto geschlafen. Als ich am Morgen Antwerpen erreiche, bin ich hungrig, aber von der Pracht beeindruckt. Ich kläre all die Dinge wie Halten, mich im Zentrum orientieren und dann Parken, bis ich ziemlich viel gesehen habe, was mir interessant scheint. Ein wenig vom Vorrat an Geld habe ich noch. Zu viel verbraucht mit Einkaufen im Vereinten Königreich hatte ich nicht. Antwerpen hat ein Parkhaus.

Für mich ist das praktisch. Man fährt hinein, und wenn man keine Lust hat zum Stadtbummel, dann kann man leicht bezahlen, ohne dass man sich vor einem Strafzettel fürchten muss. Im Zentrum der Stadt öffnen die ersten Restaurants, und ich gehe ergiebig frühstücken mit Kaffee und Baguette. Überall gibt es Bauwerke, die vom Reichtum belgischer Könige und ihrer Bürger künden. Hier hat mein König regiert, meine ich. Er hatte Ärger mit Kirchen. Vor einer dieser Kirchen hat er mich schlafen gelegt. Beeindruckt schaue ich mir die offene Kirche an und stelle mir vor, wie ich als Kind schlafend davorliege. Man beneidet die Könige ein wenig. Wenn ich solche Ausdrucksformen wählen könnte. Ich meine, hätten Kirchen 1954 in Berlin das nicht anders ordnen können, als mich als Straßenkind leben lassen? Wie soll das Geld für Kirchen später von mir kommen? Ich schaue das Kind an, welches vor der Kirche schläft, denke an den Künstler, der es schuf, und an die Sorgen meines Königs Baudouin I. Tief in meiner Seele trage ich diese Zeit weiter.

Die Kirche macht ebensolche Fehler wie deutsche Kirchen. Man kassiert Eintritt und müsste für Vergebung und Glauben werben. Von der Kirche aus bummle ich gemütlich durch die Stadt weiter. Es gibt schöne Geschäfte und wird immer betriebsamer in der Stadt. Ich finde ein Geschäft für edle Pralinen und kleine Kaffees dazu. Es gibt ein britisches Geschäft für edlen Tee in verschiedenen Sorten und Gebäck. Ich wähle von allem etwas aus. So einen Tee kann man später bei den Reiseerinnerungen mit seinen Kindern trinken. Man schaut auf die Preise in den Geschäften, guckt, was man brauchen kann, und wählt. Aber das Geld wird weniger, und es gibt Automaten zum Geld holen. Auch meine Hausbank in Zittau registriert so die Reisen. Wenn das Geld alle ist, dann bin ich wieder zurück in Zittau. Ganz Antwerpen feiert eine belgische Hochzeit am Rathaus mit. Die Stadt ist gut belebt. Spät am Nachmittag entschließe ich mich, weiter nach Deutschland zu reisen.

Eine beeindruckende Stadtansicht in Antwerpen

Sonntag, 30. April 2017

Ein Besuch bei der Familie meiner Tochter in Düsseldorf

Zeitig am Morgen bin ich in Düsseldorf. Ich spioniere ein wenig die Stadt aus und besuche einen Gottesdienst in der evangelischen Stadtkirche von Düsseldorf. Nicht weit von der Kirche schläft ein Obdachloser. Die Kirche in Düsseldorf wirbt mit einem Plakat „Evangelisch in Nordrheinwestfahlen" . Der Gottesdienst, das Kirchenkaffee und die Ausgabe von Essen im Vorraum der Kirche passen sich der Situation der materiellen Gegensätze an. Ich bummle durch die Stadt, und es gibt einen Marathonlauf , der ganze Straßen absperrt. Werde ich pünktlich bei meiner Tochter sein nach einem solchen Stadtbummel mit schon am Morgen für Stunden belegtem Parkplatz? Aber offenbar bin ich in dieser Gegend so bekannt, dass man mich durch alle Sperren winkt. Ich schaffe den Besuch bei meiner Tochter und ihrer Familie pünktlich. Niemand schickt mich vom Stadtzentrum in eine falsche Richtung.

Ich meine, Zittau hat noch keine Obdachlosen. Aber im Westen wählt man wohl auch seltener die geschlossene Unterbringung.

Meine Tochter freut sich über den Besuch. Meinem Enkel habe ich einen Teddy mitgebracht, mit dem er sich schnell anfreundet.

Abends begebe ich mich auf Rückfahrt. Nachts ist weniger Verkehr auf den Straßen, und irgendwann schlafe ich in meinem Auto wirklich auch wieder ein.

Montag, 01. Mai 2017

Rückfahrt in die ostdeutsche Kleinstadt Zittau

Es ist eine lange Fahrt von Düsseldorf bis Chemnitz. Es gibt Bekanntes entlang der Autobahn und Neues. Irgendwann so gegen 15 Uhr bin ich in Chemnitz. Ich verlasse die Autobahn und besuche den Garten der Eltern, in deren Familie ich aufwuchs, zur Schule ging und studierte. Die Hälfte gehört jetzt mir, die andere Hälfte dem anderen Erben, der mit mir aufwuchs. Ich müsste ihn Bruder nennen. Aber dürfte es dann so viel Streit geben, wenn ich den Garten nutzen will? Es entstehen Fotos. Für das Jahr 2017 wird das Arbeit, Betätigungsfeld und Bewegen in der Sommersonne. Ich plane vorsichtig weiter. Der andere Erbe war viele Wochen krank. Ich möchte meinen Teil bewohnbar machen. Wenn ich arbeite, wird das preiswert, wenn ich Firmen bezahlen sollte und Aufträge verteilen, dann könnte ich mir das alles nicht leisten. Ich entscheide mich fürs Arbeiten und Eigentum erhalten für meine Kinder und Enkel. Bloß so könnte ich ein Stück von meinem Leben weitergeben an künftige Generationen? Wie weit man kommt, das wird man sehen.

Abends komme ich spät in Zittau an. Meine Reise geht zu Ende, und ich stelle mich wieder dem Alltag.

Aus dem Leben zwischen Deutschland und dem Vereinten Königreich von Großbritannien und Nordirland ist Routine geworden

Reisetagebuch im Jahr 2019

Das Reisen mit meinem Auto ist Routine geworden. Meine Tochter hat sich in Düsseldorf niedergelassen, und egal, was Ziel der Reise ist, es führt von Zittau aus in den Westen.

Montag, 03.06.2019

Am Morgen erledige ich alle Arbeit im Haushalt und ordne alles für den Urlaub. Einen kurzen Urlaub kann ich mir vielleicht leisten. Gegen 15 Uhr schon bin ich im Garten der Pflegeeltern Hanna und Friedrich Ebert nahe Chemnitz. Wenn man einen Garten oder eben Landbesitz erbt, da ist man in wenig reicher geworden. Dankbar fahre ich zum Friedhof. Die Gräber werden dort für zwanzig Jahre bleiben dürfen. Mit all der Arbeit bin ich am Abend fertig und mache mich auf nach Düsseldorf. Ich will meine Tochter besuchen.

Dienstag, 04.06.2019

Meine beiden Kinder verstehen sich gut. Mein Sohn hat seiner Schwester ein Fahrrad mit Elektroantrieb besorgen können, und das steckt bis Düsseldorf in meinem Kofferraum und auf den nicht benötigten Sitzen. Es wird eine Fahrt im Wechsel zwischen fahren und schlafen, rasten und mich ganz streng konzentrieren auf die Fahrt. Am Nachmittag, so gegen 15 Uhr, komme ich an und muss bloß noch die Anschrift meiner Tochter finden. Viele Straßen sind gesperrt wegen einer Sportveranstaltung. Aber ich kann bei meiner Tochter und ihrer Familie Kaffee trinken und übernachten. Über den gelungenen Fahrradtransport freuen sich alle. Abends sitzen wir schwatzend zusammen.

Mittwoch, 05.06.2019

Fürs Frühstück und Spielen mit den Kindern brauchen wir bis etwa elf Uhr. Dann beginnt meine Fahrt nach Calais. Ich mache viele Pausen und komme gegen 19 Uhr da an. Ich kann preiswert für 69 Euro die Überfahrt für den nächsten Tag buchen.

Donnerstag, 06.06.2019

Am Morgen setze ich mit der Fähre auf die Britischen Inseln über. Es wird ein richtiger Urlaubstag. Lange bummle ich durch die Burg von Dover. Ich schwatze und gehe gut essen. In diesem Jahr bin ich noch Mitglied bei der Erbengemeinschaft „English Heritage“ und bezahle meinen Mitgliedsbeitrag für dieses Jahr meiner Mitgliedschaft. Ich mache viele Fotos und kann weiterspazieren und alles Neue besichtigen.

Freitag, 07.06.2019

Mit den vielen Reisen kenne ich mich inzwischen mit den Straßenverhältnissen gut aus. Ich fahre nach Windsor. Ich wähle wirklich die Autobahn M25, an die ich mich aus meiner Kindheit zu erinnern glaube. Das wird mein zweiter Urlaubstag. Ich besuche Windsor, Windsor

Castle und natürlich die aktuelle Ausstellung meiner Eltern. Gegen 12 Uhr ist ein katholischer Gottesdienst, den ich gerne besuche. Aber Notenmaterial für meine Flöte und für den Weg zurück bekomme ich nicht. Man schützt offenbar königliche Kirchen so. Spät am Nachmittag, nach einem gutem Essen, mache ich mich auf den Weg zurück nach Dover. Ein wenig traurig stelle ich fest, dass ich es nicht schaffe, im Vereinten Königreich dauerhaft zu starten. Ich bin zu arm und kann mir kein Haus kaufen.

Sonnabend, 08.06.2019

Den Tag nutze ich zum Einkaufen, Handyaufladen, Bummeln, Cappuccino trinken. Ich erwerbe je ein Buch über Elisabeth II. für mich und meine Tochter. Als Mitglied von „English Heritage“ kann ich eigentlich jeden Tag in meine Burg fahren. Ich nutze das auch heute am Nachmittag.

Sonntag, 09.06.2019

Gegen zehn besuche ich den Gottesdienst in der Kirche der Burg von Dover. Eigentlich hat die Gemeinde meine Reisen über zwanzig Jahre gut begleitet. Man hat immer geantwortet auf meine Fragen und mir alles Mögliche aufgezeigt. Ich schwatze noch eine ganze Weile im Kirchenkaffee. Eine neue Ausstellung habe ich nicht mit. Für den späten Nachmittag habe ich die Überfahrt zurück gebucht bis Dunkerque. Man hat im Hafen zusätzliche Schiffe eingesetzt wegen der vielen Reisenden in dieser Zeit.

Montag, 10.06.2019

Ich fahre am Morgen zeitig nach Brüssel. Ich kenne mich inzwischen ganz gut aus und finde die Kirche von Königs Baudouin I. ganz leicht. Um elf Uhr morgens ist da heute ein Gottesdienst. Vielleicht ist er mir zu Ehren? Ich mag die katholischen Gottesdienstordnungen des Königs wirklich. Wurde ich in dieser Kirche getauft? So genau gibt mir niemand Auskunft. Nach dem Gottesdienst gehe ich gemütlich essen. In privater Orientierung ist mir alles ein wenig fremd. Spät am Nachmittag fahre ich bis zur Raststätte Ruraue.

Ich bin zurück in Deutschland. In Deutschland hätte ich eine kleine Wohnung, eine Arbeit im Kleinunternehmen, ein kleines Auto und meine bescheidene Rente für 35 Arbeitsjahre, davon 15 Jahre angestellt und zwanzig Jahre im Kleinunternehmen. Für mich hat kein Amt gearbeitet beim Aufklären meiner Herkunft. Ich musste die Gerichte Europas nutzen. Warum sollte das nicht auch für andere zumutbar sein in den königlichen Fragen?

Es entsteht die folgende Geschichte:

Eine umwerfende Wahrheit

Ich sitze am Strand von Dover in meinem Auto am Meer. Innen an der Frontscheibe hängt die Bordkarte der diesjährigen Überfahrt ins Vereinte Königreich. Es regnet leicht. Ich erinnere mich an meine inzwischen geschätzten beinahe 45 Seereisen zwischen Calais und Dover, zwischen Dover und Dunkerque, zwischen Stranraner und Belfast, zwischen Belfast und Stranraner.

Das Ansiedeln im Vereinten Königreich habe ich nicht dauerhaft geschafft. Ein Haus konnte ich mir da nicht kaufen. Die Geburtsurkunde für britische Papiere konnte ich nicht vorlegen. Ich wohne in Zittau. Wie groß, schön und prachtvoll ist doch dieses Europa. Elisabeth III. folgt Elisabeth IV. Erst Elisabeth V. kann wieder dauerhaft bei Hofe aufwachsen. Waren meine Reisen nicht einfach Schadenersatz für all die verhinderten Möglichkeiten in den Kämpfen der Länder? Uns bleibt, die Fehler der Politik zu korrigieren für die nächste Generation, wenn uns Ausdauer und Kraft begleiten. Und wie immer legt man sein Leben dabei in Gottes Hand eigentlich überall in Europa, mit und ohne den Staatenverbund der Europäische Union.

Strandpromenade an der Küste von Dover mit dem Blick zur Burg

Reisetagebuch
Elisabeth III. feiert Geburtstag in der Stadt Brüssel

Eine humorvolle Betrachtung der Autorin Regina Rausch, auch Elisabeth III.

Donnerstag, 13. August 2020

Eigentlich haben wir schlechte Zeiten mit den Problemen der Corona-Pandemie. Ich habe in den letzten Wochen beim Verkauf meiner Kunst und meiner Veröffentlichungen im Dorf Oybin unter den sich erholenden Gästen aber wenig davon gemerkt. Die Erneuerung und Durchsicht meines Autos habe ich gut verkraftet und in den laufenden Kosten meines Kleinunternehmens verrechnet. Als Elisabeth III. werde ich genau siebzig Jahre alt. Ich könnte mir also wirklich mal was Schönes und Abenteuerliches gönnen. In meiner deutschen Geburtsurkunde und im Reisepass bin ich fünf Jahre jünger. Bei den heutigen Möglichkeiten von Kosmetik und Pflege muss das einfach nicht auffallen.

Alle meine Bemühungen, mein Geburtsdatum in Deutschland zu korrigieren, sind schief gegangen. Man wollte mir nicht glauben und den Weg der deutschen Politik nicht zugeben oder gar ehrlich sein.

So ganz ernst nehme ich das in meinem Alter nicht mehr. Man kann immer sterben. Aber mich als behindert einstufen lassen, weil ich mich vor dem Thema, den Waffen der Könige oder den Fragen der Herkunft fürchten würde, das will ich auch nicht. Ich habe meine Sachen gepackt für die Gartenarbeit in Chemnitz im kleinen Gartenhaus der älteren Schwester IM Königin Elisabeth II. und Sachen für eine elegantere Übernachtung, vielleicht in einem Hotel in Brüssel. Ich mache mich also auf den Weg mit meinem kleinen, blauen Auto.

Den ersten Tag widme ich kurz der Gartenarbeit. Ich verfülle Mauerwerk mit Blitzbeton. Bei der Möglichkeit, den einfach in einem Baumarkt zu kaufen, denke ich an unsere neue Wirtschaft ohne Zuteilungen und mit laufenden Angeboten. So betrachtet, ist der Mauerfall ein Segen.

Später am Nachmittag fahre ich weiter in den Westen. Mit einer Übernachtung klappt es noch nicht. Viele Gaststätten und Rasthöfe haben noch nicht geöffnet. Ich bin gut vorbereitet. Der Schlafsack ist im Auto. Es gibt ein Gewitter, doch ich schlafe auch so ein.

Freitag, 14. August 2020

So sparsam wollte ich eigentlich nicht sein. Aber ich frühstücke im Rasthof und muss mich aufgrund der Corona-Maßnahmen für die Nutzung der Gaststätte registrieren lassen. Die restliche Zeit des Tages wird anstrengend. Es gibt nichts anderes als Autofahren, Tanken, immer wieder mal einen Cappuccino trinken und ein wenig Pause machen. Wie in den ersten Reisejahren nach dem Mauerfall ist diese Strecke zwischen Marburg und Siegen Ausdruck gepflegter Häuser und schöner Dörfer oder Kleinstädte. Es gibt gepflegte Handtuchfelder. Aber es sieht auch aus, als ob jeder der Bauern ausreichend gut leben kann. In einer Raststätte nahe Aachen muss ich mich ein zweites Mal registrieren lassen, um ein Cappuccino zu trinken und das Handy aufzuladen. Ob es Grenzkontrollen geben wird? Ob man mich auf Corona testet? Gegen vier Uhr am Nachmittag erreiche ich ein wenig müde eine Raststätte mit Hotel. Ich könnte duschen und mich frisch machen. Das Hotel hat tatsächlich ein Zimmer mit Fernsehen und Dusche für mich frei. Es kostet geringfügig weniger als siebzig Euro. Ich buche, gönne mir eine Pause mit Dusche und Fernsehen und gehe Abendbrot essen. Alle Last und Anstrengung einer so weiten Fahrt fällt so langsam von mir ab.

Ich denke als Elisabeth III. in einem belgischen Hotel ruhend an die Zeit der DDR zurück. Am fünfzehnten August feiert die katholische Kirche, in deren Konfession ich in der Burg von Dover getauft wurde, einen Gottesdienst, der an mein Leben und meinen Geburtstag erinnert. In Brüssel ist die nächste Kirche zu meinem gegenwärtigen Wohnort Zittau in dieser Konfession. Alle katholischen Kirchen stehen unter der Vorherrschaft und der Repräsentation des Papstes, selbst die katholische Kirche in Zittau. Alle Richtungen katholischen Glaubens treffen sich in einer Einheit vor Gott dem Herrn. Man könnte ein wenig wehmütig werden. Wie liebevoll konnte man da sein zu Zeiten der DDR. Wie sorglos konnte man mit seinen Kindern in Kirchenveranstaltungen gehen. Man musste sich keine Sorgen machen, dass man dabei seine Kinder verlieren könnte. Immer, und unter den Bedingungen der DDR-Diktatur, hatte man dabei einen Gewinn in Sachen Erziehung, in sozialem Denken, in Musikpflege und in der Gemeinschaft. Wenn man die heutigen Vereine und soziale Einrichtungen betrachtet, merkt man, wie familienfeindlich alles geworden ist. Niemand in der katholischen Kirche der DDR wäre auf die Idee gekommen, dass man besser erziehen kann als die Eltern. Muss nicht diese Sicherheit wieder Grundlage für das Lernen der zehn Gebote werden? Inmitten des militärisch harten Lebens in Deutschland bedankt sich so Elisabeth III. ein wenig bei der katholischen Kirche für ihre Begleitung. Die Könige und Königinnen und ihre Kinder gehören den Kirchen meist nicht an. Sie erheben Anspruch auf deren Führung. Sachsen ist kein Königreich geworden unter Elisabeth III. . Man hat mich 2004 nicht vertragsgemäß zurückgegeben. Alles Leben ist so kompliziert geworden. Ich bitte wohl deswegen um Gottes Beistand für mein Leben und Sterben.

Samstag, 15. August 2020

Ich werde zeitig wach am Morgen und dusche noch einmal. Ich wähle die Kleidung für meinen Geburtstag. Aus meiner Sicht sieht das gut aus. Was andere denken, das frage ich lieber nicht mehr. Das Zimmer ist benutzt und muss trotzdem gut aussehen. Ich checke im Hotel aus. Ein junger Mann hat Dienst. Dann gehe ich in die Raststätte frühstücken. Es gibt frische Apfeltaschen und heißen Kaffee. Gut erholt und ausgeruht fahre ich die letzten Kilometer bis nach Brüssel. Den Planungen der Kirche schade ich so nie und will das auch nicht.

Aber es dauert ein wenig, bis ich die Kirche für diesen Gottesdienst gefunden habe. Mancher Bürger, der früh unterwegs ist, weiß nicht, wo die Kirche ist. Ein wenig nervt das schon, und ich hätte gerne einen Fahrer. Ein

Polizist gibt Auskunft, und ich denke für einen Moment, das stimmt auch nicht. Dann habe ich den am Feiertag kostenlosen Parkplatz und die Kirche so gegen acht gefunden. Man feiert den Geburtstag Elisabeth III. auch in diesem Jahr. Ob man ihr ewig gedenkt im Königreich Belgien?

Der Gottesdienst beginnt um halb zehn Uhr wie in der DDR und ist nicht in Latein, sondern in Französisch. Der zweite Gottesdienst um elf Uhr ist mehr in Niederländisch als in Latein. Beide sind gut abgestimmt. Müssten wir den Gottesdienst nicht in Englisch einführen?

Also, welchen Schaden haben die Deutschen angerichtet, wenn sie Europa unter deutsche Kontrolle bekommen wollten? Von all den Geldern meiner Eltern haben Christen oder eben CDU-Politiker Villen gebaut und Kirchen saniert. Effektives Arbeiten hat man dadurch in Kirchen kaum nötig. Die beiden Gottesdienste zu meinem Geburtstag sind gut, ich bin recht froh.

Wie alle Jahre, wenn ich in Brüssel zu Besuch war, gehe ich nach dem Gottesdienst in einem der vielen Straßenlokale exquisit zum Mittagessen.

Aber wie viele Jahre hat mir das politische System der DDR diesen Geburtstag gestrichen? Der Blumenteppich auf dem Markt der Stadt Brüssel durfte in diesem Jahr wegen der Corona-Schutzmaßnahmen nicht stattfinden. Auch so gab es viele Besucher. Ich konnte noch ein paar früherer Blumenteppiche als Ansichtskarten erwerben.

Später am Nachmittag fahre ich, müde vom Laufen, von Pralinen naschen und Kaffee trinken, aus der Stadt heraus in Richtung Deutschland. Spät in der Nacht erreiche ich Aachen.

Sonntag, 16. August 2020

Die Fahrt über die Autobahn bleibt ruhig. So ausgeruht fahre ich gern, halte in Raststätten, trinke einen Kaffee und fahre weiter. Es ist ruhiger als sonst und noch Corona-Zeit. In manchen Orten fällt der Verkehr beinahe aus. Alle müssen ihre Unternehmen umordnen. Was wird aus den vielen Rasthöfen, wenn das Autofahren stirbt? Mit vielen Pausen bin ich nach Mittag in Chemnitz. Ich steuere den Garten an, setze mich in die Sonne und in den Schatten. Ein wenig kann ich harken, meine Reise abrechnen und Kilometer für das Finanzamt eintragen. Am Abend fahre ich in die Innenstadt von Chemnitz. Es ist ein Weindorf aufgebaut, und überall kann man verkosten und einkaufen. Es gibt leckere Speisen dazu, von Langos über Gegrilltes bis hin zu süßen Krapfen. Man ist sich ganz schön sicher, dass Corona vorüber ist. Sachsen hat sehr wenige Tote gehabt in dieser Pandemie. Der Garten aus dem Erbe der älteren Schwester Elisabeth II. bereitet viel Arbeit. Mein Kleinunternehmen bleibt dabei ein Segen. Wo sollte ich die Gelder für Baumaterialien hernehmen? Wie organisiere ich die sinnvolle Nutzung, wenn man jetzt wieder die deutschen Betrüger um Geburtsurkunden und Geld auf uns ansetzen will? Und hätte man das so ordnen dürfen als Kirche in Chemnitz wie unter so einem DDR-Pfarrer? Sicher ist, die ältere Schwester IM Königin Elisabeth II. wollte nicht mit nach Großbritannien reisen. Aber sie wollte im Garten wohnen, nicht in der Stadt. Aber einen Hausbau konnte ihr niemand von den privaten Bekannten, Kindern oder Freunden bezahlen. Für ihren Ehemann war Bauen zu riskant. Nach dem Mauerfall und bei den Rentenanpassungen hätte er das aber sicher geschafft. Doch wer hätte solche Entwicklungen vorher schon geahnt?

Montag, 17. August 2020

Ich fahre am Morgen zum Einkaufen in den Markt für Lebensmittel und Getränke. Es ist warm geworden, ein heißer Sommer. Danach fahre ich zum Baumarkt. Noch eine Tür ist zu streichen, restlicher Mörtel kann das Vorhäuschen fertig ausbessern. Mir gelingt das gut. Aber soll man in meinem Alter noch auf eine so hohe Leiter steigen? Der Garten ist zur Hälfte mein Eigentum. Ich meine, den Schutz seines Eigentumes muss man riskieren. Ich streiche also wirklich. So ganz langsam komme ich dabei ins normale Leben in Deutschland zurück. Auf der Rückfahrt nach Zittau gibt es viele Regenschauer und Gewitter. So kühlt sich der Sommer wieder gut ab. Abends gegen acht bin ich zu Hause in meiner kleinen Einraumwohnung in Zittau. Irgendwie bin ich richtig froh. Besser ordnen konnte ich nicht. Aber es war ein schöner Ausflug mit Nutzen für meine Urheberrechte, meinem Grundbesitz in der immer noch merkwürdigen Erbengemeinschaft und eben für mein sportliches Training Autofahren und Gartenarbeit.

Ganz allmählich aber komme ich, unter dem Eindruck der Corona-Schutzmaßnahmen, in den Alltag in Deutschland zurück oder – besser gesagt – in den von Sachsen.

Quellen: eigene Erinnerung, Grundbuch der Stadt Chemnitz

Katholische Kirche des Königs am Stadtrand von Brüssel im Jahr 2020

Autorin Regina Rausch auf ihren Reisen als Elisabeth III.

Die Autorin Regina Rausch, auch Elisabeth III., besucht Karl-Marx-Stadt, das frühere und heutige Chemnitz

- regelmäßig zum Besuch ihrer Eltern oder Pflegeeltern, ab 1977, nach dem Umzug in die Kleinstadt Zittau wegen ihrer Eheschließung für fünfundzwanzig Jahre,
- zu den Zeiten ihrer Ausstellungen „Ein Blick auf Europa" und „Elisabeth III. schaut von den Britischen Inseln auf das Festland" in der Bibliothek der Universität, damals im Weinholdbau auf der Reichenhainer Straße,
- zum Besuch ihres Sohnes für ein paar Jahre zwischen all ihren Reisen,
- um im Garten, dem Erbe des Friedrich und der Hanna Ebert, zu arbeiten und zu gestalten,
- zu Familienfeiern, zu Klassentreffen, zu Veranstaltungen der evangelischen Studentengemeinde als Akademiker-Austausch

In den nicht ganz geklärten Fragen des Erbes der Frau Hanna Ebert, die den Herrn Friedrich Ebert um zwei Jahre überlebte, gab es wegen der Herkunft viele Streitigkeiten. Fraglich bleibt, ob man dabei gut entschieden hat oder den Einfluss der Familie unterschätzen wollte. Deutschland wollte in der Mehrheit der Entscheidungen in meinen eigenen statistischen Befragungen als Freiberufler kein Königreich werden. Nach den Streitigkeiten wurde das alles so entschieden, dass man lernen muss, wie man in Erbengemeinschaften wirklich teilt.

Bis zum Jahre 2017 brachte also ein Erbe alle Ernten und alle Einnahmen beim Nutzen und Vermieten in seine Familie ein. Ab 2017 konnte ich dann wieder fleißig mitarbeiten und mitgestalten. Für mich haben sich die Reisen aber gut eingepasst in den Weg zwischen Großbritannien und Deutschland von Zittau aus. Solange die Frau Hanna Ebert lebte, konnte ich, und manchmal meine Kinder, im Garten oft helfen und das Ehepaar Ebert begleiten und umgedreht.

Wie alle Städte im Osten ist auch Chemnitz schöner geworden. An vielen Stellen wurde gebaut. Die Kirche am Theaterplatz, in der ich konfirmiert wurde, erstrahlt in leuchtender Pracht.

In der Innenstadt sind Kaufhäuser entstanden, die zum Bummeln und Verweilen locken. Dort findet man noch heute das für mich vielleicht beste Hutangebot in Deutschland. Es ist schön, die Stadt Chemnitz auch nach dem Ablegen des Namen Karl-Marx-Stadt zu besuchen.

Man bummelt an historischen Plätzen vorbei wie dem Schlossberg, dem Roten Turm oder dem Marktplatz um das Rathaus. Das Museum am Theaterplatz bietet interessante Ausstellungen. Man kann Veranstaltungen zwischen dem Arbeiten im Garten besuchen oder zum Ausruhen am Abend das Weinfest genießen.

Vor allem wenn man in der Stadt aufgewachsen ist, zur Schule ging und studierte, ist das alles immer wieder mal eine Reise wert im Sommer und eben auch im Winter.

Für zwanzig Jahre schloss sich da auch die Pflege der Gräber der Eltern Ebert immer mal wieder oder ganz regelmäßig ein.

Die Zeit des deutsch-britischen Austausches beim Fall der Mauer sollte man aber nicht vergessen. Mit meinen Veröffentlichungen darf ich ein wenig daran erinnern. Aus meiner Sicht ist es das, was den Frieden so lange bewahrt hat.

Wir sehen Bilder der Stadt, der Leute etwa beim Feiern, und man kann gedenken zwischen Leben und Sterben, Krieg und Frieden, Armut und Reichtum. Aber umgekehrt hat auch das Asyl von Karl Marx das Vereinte Königreich mitgeprägt.

Was lässt man zu? Was sollte besser nicht sein? Es bleiben diese Fragen immer und in jeder Gesellschaft. Die Blütenpracht im Garten des Ehepaares Friedrich und Hanna Ebert konnte ich auch noch im Jahre 2020 finden.

Nach dem harten Winter sollten die Gartenzwerge auf ein leichteres Leben im Sommer hoffen lassen.

Bild der Gartenlaube des Ehepaares Friedrich und Hanna Ebert original erhalten von hinten

In der Kirche St. Petri in Chemnitz

Gemütliche Pause beim Stadtbummel in Chemnitz

Weinfest auf dem Marktplatz der Stadt Chemnitz

Reisebeschreibung zum Gedenken an meinen genetischen Vater, Seine königliche Hoheit Prinz Philip, des Herzogs von Edinburgh im April 2021

Mich hat der mögliche Austausch mit meiner Familie nach dem Mauerfall recht froh gemacht. Ich konnte die Politik betrachten unter dem Gesichtspunkt Krieg und Frieden und aus dem Blickwinkel der Geheimdienste. Mit dem wenigen, was die Familie, in der ich aufwuchs, über meine Herkunft wusste und mit meiner Erinnerung lag ich richtig. Man wird nicht lügen können. In den vielen Veröffentlichungen zwinge ich Partei- und Kirchenlügner zur Wahrheit. Man muss die Unterschiede sehen und akzeptieren, so wie ich das in meinem Leben musste. Im Februar des Jahres 2021 hatte ich gerade ein wenig gespart. Im Jahr 2019 konnte ich bei meiner jährlichen Herbstreise schon nicht mehr in das Vereinte Königreich einreisen. Man gab Sicherheitsgründe an und dass wir schlecht gearbeitet haben in den britisch-deutschen Verträgen. Ich gebe zu, all das konnte ich nicht beeinflussen. Ich begebe mich also auf die Strecke des Korrigierens. Wie immer benötigt man dazu Geld, und das muss ich zuerst verdienen. Ich entschied mich also für den Weg der ersten Veröffentlichung als preiswertes Buch im deutschen Buchhandel. Wenn ich damit im Februar beginne, dann wäre es ein schönes Geburtstagsgeschenk für meinen eigentlichen Vater, da ich weiß, dass die Fenster im königlichen Windsor seine künstlerische Arbeit sind.

Ich konnte mich nachfolgend also bloß meiner Arbeit widmen. Aber wie immer kam alles anders als man dachte. Von der BBC erhielt ich die Nachricht, dass Seine Königliche Hoheit Prinz Philip verstorben ist. Ich plante ein wenig um und machte mich auf den Weg nach Großbritannien. Der Herzog von Edinburgh wurde in der St.-Georgs-Kapelle in Windsor am 17. April 2021 beigesetzt. Auch wenn der Herzog ein gesegnetes Alter erreichte, war sein Tod für mich ein wenig tragisch. Ich hätte mir gewünscht, nach dem Mauerfall mehr Zeit meiner Familie widmen zu können.

Mit meinem kleinen, blauen Auto erreichte ich also Calais. Zu einem solchen Anlass konnte ich schon ein paar Euro ausgeben. Ich stand an der Grenze, mein Auto wurde kontrolliert. Einreisen ließ man mich aber nicht. Es sei zu gefährlich. Ich habe mich aber um meine Sicherheit immer selber gekümmert und nie ein Problem beim Aufklären der Wahrheit verspürt. Egal, wie ich all diese Diskussionen drehte, einreisen ließ man mich nicht.

Ich musste an die Armee meiner Eltern denken. Ich habe gelernt, ihr zu vertrauen. Was ich nicht schaffte, das erledigte die königliche britische Armee. Großbritannien hat sich von der EU getrennt. Man schützt sich so vor den Deutschen und ihren merkwürdigen Vorstellungen. Ich verbrachte viele Stunden mit der Kontrolle und dem Klären an der Grenze. Erreichen konnte ich kaum etwas. Später überlegte ich, wie das für mich weitergehen kann. Ich reiste zurück und nahm den Weg über das Zuhause meiner Tochter. Einen solchen Anspruch hatte mein Vater nach all den Streitigkeiten mit der deutschen Regierung und der Sachsens also nicht mehr. Bei allen Begegnungen zwischen London und Berlin ist das aber meinem Vater geblieben, in einem

Leben zwischen Militär, Kirche und Staat. Ich gedenke dem und würdige das wirklich.

Wenn die Generation vor uns stirbt, dann widmet man sich der nach uns. Wir werden es sein, die sterben zwischendurch. In meiner Familie sind alle mit Gott dem Herrn gestorben, wissend, dass es politische Morde und Krieg gibt. Auch das macht für das Leben dankbar. Aber wir gedenken auch den Gefahren der neuen Zeit. Wir wissen ums Altwerden, um Unfälle und Gefahren. Wir denken daran, wie oft der Herzog von Edinburgh sein Leben in Frieden und Krieg einsetzen musste, und ahnen die Gefahren von morgen. Sein Pflichtbewusstsein, seine Stärke, sein Wählen zwischen Schweigen und dem Mut zur Wahrheit, das möchten wir weitergeben selbst an seine Enkel und damit an die nächste Generation eben für gesellschaftliche Verantwortung in Krieg und Frieden.

Jugendlicher Raumfahrer (Plakatwerbung Netto)

Die Autorin Regina Rausch, auch Elisabeth III., denkt über das Arbeiten gestern und heute nach und besucht den Großhandel für Bürobedarf in der Stadt Bautzen

So habe ich mein Kleinunternehmen noch nicht betrachtet, dass es Vorzüge im Arbeiten bringt. Ich denke an die DDR. Man hatte ein Recht auf Arbeit, aber auch die Pflicht dazu. Es sind viele Arbeitsplätze weggefallen. Aber wer unbedingt einen haben will, der muss ihn im Wegfall des Sozialismus selber bauen. Wer sich selber einen Arbeitsplatz baut, der kann auch darüber bestimmen, was er macht. Ich mag diese merkwürdige Vorstellung, die heute neu ist.

Der Wandel der Arbeit und das sich ändernde Bild der Gesellschaft sind fest miteinander verknüpft. In unserer Kleinstadt öffnen und schließen Geschäfte recht regelmäßig. Sie bleiben erhalten, solange ihr Verkauf so viel Geld bringt, das sich das alles rein materiell und wirtschaftlich trägt. In meinem Kleinunternehmen muss ich oft sparen. Die Bankfiliale der Postbank ist nach Görlitz gezogen. Das alles lässt den Stadtteil Süd in Zittau ein wenig ruhiger werden. Ich aber brauche meine Produkte für meine Arbeit im Kleinunternehmen am besten preiswert. Ich bin zwar kein so großer Kunde, dass ich eine Geschäftsnummer bekomme, aber ich kann da einkaufen.

Ich denke an früher. Gab es überhaupt je so ein großes Angebot zum Auswählen? Alles, Einkaufen und Arbeiten, macht Spaß. Wenn alles preiswert bleibt, kann man so einen Einkauf auch als Ausflug ansehen. Man parkt sicher in der Stadt, und man kann bummeln.

Die historische Innenstadt von Bautzen ist interessant und sehenswert. Die kleinen Läden und die größeren Geschäfte haben sich gut rausgeputzt. Es gibt Kunsthandwerk und Markttage. Mitten im Stadtzentrum liegt das Kornmarkt-Center. Man kann preiswert einkaufen und eben die neue Designermode. Aber gab es das je vorher in der DDR, dass man Arbeit und Einkauf so mit privater Zeit zum Bummeln verknüpfen konnte? Hat unsere neue, aktuelle Gesellschaft nicht auch Vorzüge? Beim Eis essen muss ich mich ein wenig anstellen wie früher.

Man liebt diese gegenwärtige Zeit wirklich. Aber wird sie dauerhaft so bleiben?

Rathaus von Bautzen

Die kleinen Läden und die größeren
Geschäfte haben sich gut rausgeputzt.

historische Innenstadt von Bautzen

Nachwort

Es ist eine beeindruckende Arbeit, Bücher entstehen zu lassen. Es macht bekannter, lässt in Staat und Gesellschaft mitreden und hilft im besten Falle beim Verdienen von Geld für das tägliche Leben. Vom Inhalt im vierten Buch, welches im Leben der Autorin Regina Rausch, auch Elisabeth III., für den Verkauf im Buchhandel erscheint, konnten wir in der DDR nur träumen. Für DDR-Bürger gab es solchen komplizierten privaten Austausch nicht. Man wollte die Rechte der Könige nicht achten müssen. Für mich war das Reisen nach dem Fall der Mauer mit allen Freuden und allen Pannen furchtbar beeindruckend. Ich konnte ein Stück der zu lebenden Verträge einfach nachholen, was die Regierung der DDR nicht zuließ. Man muss aber dabei immer mit den engen Grenzen des real möglichen Geldverbrauches leben können. Das Bild zeigt die Autorin Regina Rausch, auch Elisabeth III., zur Buchmesse in Frankfurt am Main im Jahre 2021.
Mit einer solchen Arbeit hält man sich lange fit im täglichen Leben, beim Reisen und beim Austausch mit der jüngeren Generation. Was kann aus so einem Leben werden? Neugierig darf man als Leser sein. Alles Vergleichen mit dem eigenen Leben aber sollte höchstens ganz vorsichtig erfolgen. Die Autorin wünscht in ihrer komplizierten Freiberuflichkeit allen anderen viel Spaß beim Lesen und Betrachten der fast immer selber fotografierten Bilder.

Regina Rausch, auch Elisabeth III.

Im Frieling-Verlag von Regina Rausch erschienen:

Aktuelles Nachdenken zu Kirchenfragen
Betrachtungen, Erfahrungen und Gebete

Die Autorin Regina Rausch, auch Elisabeth III., beschreibt im vorliegenden Buch „Aktuelles Nachdenken in Kirchenfragen" ihre Stellung zur Kirche im Sozialismus der DDR, ihre Beteiligung und das Mitgestalten dabei.

Die Gebete zur ökumenischen Friedensdekade von 2003 bis 2021 beschreiben ihr Leben nach dem Austritt aus der evangelischen/protestantischen Kirche auf dem nachfolgenden Weg zur Thronfolge Ihrer Majestät Königin Elisabeth II. von Großbritannien und Nordirland. Dass das nicht ohne Komplikationen geht, das kann sich jeder gut vorstellen. Die Fotos besuchter Kirchen und die Autorenfotos ordnen sich dahinein ein.

192 Seiten • Paperback
EUR 14,90 • ISBN 978-3-8280-3710-6

Der Weg des Erinnerns
Gedichte, Geschichten und historische Betrachtungen

Für die Autorin Regina Rausch waren der Mauerfall und die ersten Reisen in den Westen eine abenteuerliche Zeit. Immer mehr Leute wussten um die Fragen ihrer Herkunft. 1998 wurde sie zum ersten Mal darauf direkt angesprochen und sie bekannte sich offen dazu, Enkelin Königs Georg VI. zu sein.

„Der Weg des Erinnerns" fasst zusammen, welchen Herausforderungen des deutschen und europäischen Rechtssystems sich die Autorin stellen musste, und wie es ihr gelang, heute als Elisabeth III. Regina in Deutschland zu leben und zu arbeiten.

120 Seiten • Paperback
EUR 10,00 • ISBN 978-3-8280-3671-0

Aktuelles NACHDENKEN zu KIRCHENFRAGEN

Betrachtungen, Erfahrungen und Gebete

REGINA RAUSCH

Der Weg des ERINNERNS

Gedichte, Geschichten und historische Betrachtungen

REGINA RAUSCH

Ich zeige meinen Kindern EUROPA

Reisetagebuch aus dem Jahr 1997
(authentisch und zur Nachahmung nicht empfohlen)

REGINA RAUSCH

Ich zeige meinen Kindern Europa

Reisetagebuch aus dem Jahr 1997 (authentisch und zur Nachahmung nicht empfohlen)

Im Jahre 1997 begibt sich Regina Rausch auf eine abenteuerliche Reise in ein Flüchtlingslager in Kroatien mitten in den Jugoslawienkriegen. Dabei befindet sich die Autorin in der Spannung zwischen dem Gedanken an die eigene Karriere und dem Willen, gemeinnützige Arbeit zu leisten.

Das Reisetagebuch dokumentiert ihre Sorgen bezüglich des freiberuflichen Arbeitens als auch die Frage, inwiefern sie die Gesellschaft in Europa mitgestalten kann, deren Umbruch sie hautnah miterlebt.

128 Seiten • Paperback
EUR 10,00 • ISBN 978-3-8280-3613-0